Nathalie Somers

Le malicieux Journal des sœurs Mouche au collège de Castelroc

L'Arrivée !

FLEURUS

Bagages à gogo

Journal de Nina

31 août

Salut ! Moi, c'est Nina. Nina Mouche pour tout vous dire. Oui, je sais, Mouche, c'est pas terrible comme nom de famille. Perso, quitte à porter un nom d'insecte, j'aurais nettement préféré « Moustique ». Au moins, c'est un nom qui a du piquant. Enfin bref, c'est comme ça. Je ne l'ai pas choisi, il m'est tombé dessus à ma naissance et il faut bien faire avec, hein ? Bien sûr, ce joli petit nom, je le dois à mes parents, M. et Mme Mouche. Il y a un peu moins d'un an, ils ont déployé leurs ailes pour venir se poser sur une plage de l'île d'Oléron. Maintenant, ils tiennent un salon de thé. Avant, ils étaient « directeurs-quelque-chose » à Paris. Et puis ils en ont eu assez du stress de la grande ville ! Il faut dire aussi qu'ils voulaient élever mon petit frère de deux ans au grand air (lui, c'est la mouche du coche. Relisez vos fables de La Fontaine pour comprendre !). Le grand air, il paraît que c'est bon pour les enfants ! Oui, je sais, je devrais peut-être me sentir vexée qu'ils n'y aient pas songé avant. Pour moi et les deux autres membres du trio, je veux dire. Ça me fait penser ! J'ai oublié de vous apprendre un petit détail qui a son importance : j'ai un autre frère et une sœur très spéciaux. Et pour cause, nous sommes nés le même jour. On est des triplés, quoi, pour ceux qui n'auraient pas compris ! Ce qui est drôle, c'est que moi et ma sœur, Lucille, on se ressemble comme deux gouttes d'eau : même longs cheveux bruns, même yeux noisette (pas marron, hein !), même fossette dans le coin de la joue gauche quand on sourit (sauf que chez moi ça se voit plus souvent parce que je suis plus… enfin moins… sérieuse), même taille moyenne (trop moyenne d'ailleurs : pourquoi je ne suis pas plus graaaande ?). En revanche, niveau caractère, c'est le grand écart : moi, je suis plutôt bavarde…

J'étais vraiment bien partie, je me sentais portée par une vague d'inspiration ! Mais là, une voix calme m'a interrompue :

– Pas la peine de le préciser, je pense qu'ils l'auront compris !

Ça, c'est tout ma sœur ! Elle est du style à faire remarquer à Superman qu'il a une tache sur son collant alors qu'il vient de sauver le monde. J'ai abandonné le miroir devant lequel je parlais pour me tourner vers elle :

– Moque-toi ! lui ai-je dit, tu devrais bien t'entraîner toi aussi, timide comme tu es ! Quand on arrive dans une nouvelle école, les profs demandent toujours aux élèves de se présenter. Mieux vaut être prêt !

Lucille a levé les yeux au ciel en pliant avec soin un tee-shirt.

– Il suffit de dire ton nom et ton prénom. Pas la peine de raconter ta vie ni celle de ta famille depuis le Moyen Âge !

Il faut toujours qu'elle exagère !

– Je ne suis pas remontée au Moyen Âge ! J'ai juste expliqué un peu le contexte, pour que les gens comprennent !

– Pour comprendre, ils vont comprendre, ça, c'est sûr ! a répliqué ma sœur en lissant les vêtements qu'elle venait de poser en deux piles bien nettes dans sa valise. Alors que j'étais sur le point de lui faire une remarque plutôt percutante, je l'ai vue boucler sa valise.

– T'as déjà fini ? Mais comment t'as fait ? Tu es plus rapide que le tonnerre !

– On dit « plus rapide que *l'éclair* ».

C'est pas vrai ! Je me trompe toujours dans les expressions ! Mais bon, sur le moment, j'avais d'autres soucis plus importants : je ne savais pas du tout quoi prendre, et je changeais tout le temps d'avis ! Au point que la situation devenait un peu désespérée. Un immense tas de vêtements jetés en vrac s'amoncelait sur mon lit. Par terre, ma super valise orange à fleurs multicolores – achetée pour l'occasion – débordait de chaussettes dépareillées, de survêtements, d'affaires de toilette tombées de la trousse mal fermée et de papiers de bonbons (impossible de résister ! J'avais déjà mangé ceux que papa nous avait achetés pour le voyage).

Nota Bene : rappeler à Lucille et à Clément que les bonbons, c'est mauvais pour les dents (comme ça, ils partageront les leurs avec moi).

– C'est pourtant pas compliqué, a repris Lucille, le pensionnat nous a envoyé une liste. Il suffit de la respecter.

J'ai attrapé la feuille de papier froissée qui traînait à mes pieds et j'ai grogné :

– Tu trouves ? « Sept tee-shirts », c'est plutôt vague… Ça ne dit pas s'ils doivent être décolletés en V, ou s'il faut les choisir verts ou roses ! On entre en sixième quand même ! Ce genre de choses a une importance con-si-dé-rable !

Au lieu de répondre, Lucille a secoué la tête. Alors j'ai insisté d'une voix plaintive, en montrant une pile de cahiers et de recueils de musique :

– Et puis, j'ai plein de partitions de piano ! Je ne sais pas si je dois les emmener toutes !

– Tu marques un point, a rétorqué ma sœur en tordant la bouche d'une drôle de manière. J'avais oublié que, *moi*, je n'ai ni mes chaussons, ni mes tenues de danseuse à emporter. Je gagne de la place !

Là, je me suis sentie trooooop coupable ! Je suis vraiment nulle !

J'ai vite couru prendre Lucille dans mes bras. Je me suis confondue en excuses, je lui ai dit que j'étais mégastupide et que j'étais désolée qu'elle n'ait pas été prise en section danse ! C'est vrai que c'est pas juste ! C'est une danseuse incroyable ! Elle aurait dû réussir l'examen d'entrée mieux que personne ! Si seulement elle n'avait pas été paralysée par le trac…

Lucille a haussé les épaules et a déclaré d'un air indifférent :

– Ce n'est pas grave. La danse, c'était sympa, mais j'ai tourné la page. Comme tu l'as dit, on entre en sixième. Les choses sérieuses commencent et les cours me prenaient trop de temps. Au moins maintenant, je pourrai me concentrer sur mon travail.

Je me suis écartée pour la dévisager.

– Tu es sûre que ça va ?

– Absolument sûre ! Tu n'as aucune raison de t'en faire, m'a-t-elle répondu d'un air serein.

Rassurée, j'ai dit que c'était tant mieux, parce que j'étais convaincue qu'on allait s'amuser comme des petites folles dans cette pension !

Et puis là, Clément est arrivé.

– Alors, les filles, ça y est, vous êtes prêtes ?

– Oui, ai-je crié.

– Presque, a tempéré Lucille.

Clément a éclaté de rire. Ma trop cool valise orange était dans un désordre indescriptible tandis que celle de Lucille, noire et déjà rangée à côté du lit, n'attendait que des bras musclés pour être descendue au rez-de-chaussée. On n'a pas tardé à pouffer ensemble et j'ai dû admettre que j'avais encore deux ou trop choses à boucler.

Après quoi, j'ai entraîné Lucille par le bras vers les escaliers en claironnant :

– Je crois que je vais avoir besoin d'un petit coup de main de la part de maman !

Dès que ses sœurs eurent disparu, Clément entra dans la pièce et se mit à fouiller dans leurs affaires. Il sembla trouver ce qu'il cherchait et fila dans sa chambre. Il rangea le paquet dérobé dans sa propre valise, déposa ses vêtements dessus et ajouta enfin un coffret de bois plat et rectangulaire. Puis, il referma sa valise bleu marine. Il était prêt !

Piano, rugby et tutu

Journal de Lucille

31 août

Le Jardin des délices est vraiment un charmant salon de thé, typique de la côte atlantique. Le décor maritime rappelle aux clients que l'océan est tout près et, pendant les beaux jours, la terrasse avec vue sur la mer est envahie par les touristes.

Pourtant, ce soir, alors qu'on était le dernier jour d'août, et donc encore en pleine saison d'activité, il n'y avait pas un chat. Nos parents avaient en effet décidé de fermer le salon. Sur la terrasse, il n'y avait que papa, maman, Mathéo, Clément, Nina et moi. Et c'était fabuleux : le ciel était splendide, avec un coucher de soleil beau comme sur les cartes postales que vend la papeterie voisine. Toute cette beauté, rien que pour nous ! J'ai adoré !

Quel dommage que ce ne soit pas tous les jours comme ça ! Et puis j'ai pensé à demain et mon cœur s'est serré : je n'ai pas envie que papa nous emmène, Clément, Nina et moi, jusqu'à Marennes. Je n'ai pas envie de prendre le train jusqu'à la gare de Poinsy-les-Châteaux. Je n'ai pas envie de grimper dans le bus qui nous conduira enfin à la pension du manoir de Castelroc.

Je sentais les larmes monter quand, heureusement, papa s'est mis à parler.

– Mes chéris, vous allez terriblement me manquer ! Comment je vais faire pour me débrouiller sans vous ?

Ma parole ! Il voulait vraiment que je pleure ! Mais maman a vite rattrapé le coup.

– Tu y arriveras très bien !

Et elle a ajouté d'un ton gentiment moqueur :

– Pense que tu n'auras plus à faire cinquante fois le taxi parce que Clément aura oublié son livre de maths à l'école, que Nina voudra passer la nuit chez une copine, ou que Lucille aura son cours de danse qui se termine plus tard. Et puis, fini les biscuits qui disparaissent en un jour alors qu'on pensait en avoir acheté pour la semaine, les chaussettes sales à côté du panier et la salle de bains occupée à toute heure !

– N'écoutez pas votre mère, les enfants, a rétorqué papa, elle dit toujours le contraire de ce qu'elle pense !

On a ri ! Depuis le temps, on est habitués ! À notre naissance, maman s'est transformée en sergent-major. Elle a mis au point une organisation quasi militaire afin de pouvoir survivre. Papa, lui, s'est ramolli comme un Chamallow sur un feu de joie devant un tel miracle de la nature. S'il n'a guère fallu compter sur lui pour le côté pratique des choses, il a été redoutablement efficace pour soigner, consoler, écouter et jouer à tous les jeux possibles et imaginables. Sûr qu'il va drôlement s'ennuyer sans nous !

En revanche, notre départ ne semblait pas trop perturber Mathéo. La bouche couronnée de chocolat, il s'est écrié :

– Moi, j'aime bien quand Clém, Nin et Lu y partent, parce qu'on a une grooooosse glace.

Cette fois, tout le monde a éclaté de rire. Il est vrai que nous étions attablés devant des montagnes de crème glacée, sorbets, noisettes et amandes grillées, le tout surmonté de sauce chocolat, caramel ou fraise, suivant les goûts de chacun. Et bien sûr, chantilly à volonté !

– Tu as raison, mon coco, a dit maman, comme ça, tout le monde sera malade demain ! Qu'est-ce que ce sera chouette !

– Tu peux bien dire, a lâché Nina, ta coupe glacée n'a rien à envier aux nôtres !

– Solidarité familiale, a rétorqué maman avec un clin d'œil, je ne vais pas vous laisser tout seuls avec votre crise de foie !

Papa l'a grondée en disant qu'il était temps de parler de choses plus gaies et il s'est lancé dans un beau discours. Il a rappelé que le manoir de Castelroc était une excellente pension, que Nina avait beaucoup de chance de pouvoir continuer le piano en CHAM[1], et Clément tout autant d'intégrer une section sport-étude rugby.

Sauf que ça a un peu dégénéré :

– Ouais, c'est la classe ! a dit Clément en jetant un regard revanchard à Nina. Puis il a ajouté : ça cloue le bec à certaines !

Nina a haussé les épaules et s'est défendue :

– J'ai juste dit que ça m'avait étonnée que tu sois pris en rugby-étude vu que tu te fais toujours plaquer pendant les matchs. Mais bon, tant mieux pour toi !

Pour que les choses n'aillent pas plus loin, papa s'est dépêché de me demander :

– Et toi, ma chérie, pas trop de regrets ? Quel dommage que tu ne puisses pas au moins continuer la danse en dehors de la pension !

Maman lui a donné une tape sur la cuisse.

– Inutile de retourner le couteau dans la plaie, tu sais bien qu'il n'y a pas d'école de danse à proximité du manoir.

1. Classe à Horaires Aménagés Musique.

Moi, j'ai affiché un air indifférent.

– Il n'y a pas de problème, ai-je répondu. La danse, c'était chouette, mais c'est fini pour moi maintenant. J'ai d'autres objectifs.

Papa m'a lancé un regard admiratif.

– Tu es toujours si raisonnable ! m'a-t-il félicitée. Tu as raison. Cela ne sert à rien de ressasser des regrets.

Mathéo, lui, n'en pouvait plus d'attendre.

– Manger la glace ! s'est-il écrié.

– Oui, mon chéri ! a approuvé maman, puis elle a levé sa coupe comme si elle contenait du champagne et a porté un toast :

– Aux triplés et aux joies de la pension !

J'ai levé mon verre comme les autres, même si, au fond de moi, je me demandais bien ce qu'il pouvait y avoir comme joies, dans cette fichue pension.

« Bienvenue...

... Au Manoir de Castelroc », proclamait la bannière suspendue au-dessus de l'immense portail de fer forgé. Ce dernier était grand ouvert et, en compagnie de plusieurs autres pensionnaires qui avaient pris la même navette qu'eux, les triplés le franchirent allègrement. En une cohésion parfaite, ils stoppèrent net lorsqu'ils découvrirent le bâtiment au bout d'une longue allée. Ils l'avaient déjà vu en photo sur la brochure de présentation du collège mais, dans la réalité, il semblait moins accueillant et surtout beaucoup plus impressionnant.

– Vous avez vu ces tourelles ? grogna Nina, on dirait la maison hantée d'un parc d'attractions ! Je n'avais pas remarqué qu'il était aussi… sinistre !

– Pff ! c'est juste parce que le temps est tout gris et qu'on est le soir, argumenta Lucille.

– Oui, la photo avait été prise un jour ensoleillé, confirma Clément, autant pour rassurer sa sœur que lui-même. Tout est différent sous le soleil !

Des élèves plus âgés les dépassèrent, et les triplés s'empressèrent de leur emboîter le pas. Ils gravirent à leur suite les quelques marches d'escalier qui menaient à la porte d'entrée et pénétrèrent dans le hall. Il y régnait une grande agitation, mais l'ambiance paraissait chaleureuse. Les murs étaient peints de teinte claire et les boiseries recouvertes d'un vernis rappelant la couleur de la sauce caramel de leurs glaces. Une verrière en forme de coupole permettait à la lumière naturelle d'illuminer la salle.

– Bonjour, vous êtes des sixièmes ? Les triplés Mouche, je parie !

Une fille à la silhouette longiligne, aux cheveux châtains tirés en une queue-de-cheval, s'était plantée devant eux. Une paire de lunettes cerclée de noir était remontée haut sur son nez pointu, ce qui lui donnait l'air très sérieux.

– Je m'appelle Annabelle, je suis en troisième et je suis responsable de l'accueil des nouveaux, expliqua-t-elle d'une traite sans leur laisser le temps d'ouvrir la bouche.

À ce moment-là, une porte vitrée qui donnait sur le hall s'ouvrit. Un courant d'air fit voltiger la liasse de papier d'Annabelle qui, heureusement, l'avait fixée à l'aide d'une pince sur un support rigide.

– Ah ! ça va mieux ! s'écria une voix nasillarde, c'est qu'on crève de chaud aujourd'hui !

Tous les regards se tournèrent vers une petite femme presque aussi large que haute, coiffée d'un chignon énorme. Vêtue d'un tablier gris, elle utilisait une pochette carton pour s'éventer.

– Je vous présente madame Billancourt, chuchota Annabelle, c'est la concierge. Elle ouvre régulièrement les fenêtres et la porte de sa loge de manière intempestive, sous prétexte qu'elle étouffe dans son « bocal ». En fait, c'est à cause de ses « bouffées de chaleur », ajouta la jeune fille en baissant encore la voix.

Réunissant ses papiers, Annabelle revint à sa préoccupation première.

Elle consulta la liste et, sûre d'elle, fit une petite croix en face de leurs trois noms sans même qu'ils aient pu lui confirmer leur identité.

– Clément, troisième étage, chambre 325. Tu es avec Nolan Régnier, aussi en section rugby, Samy Halami en musique-étude violoncelle et Léo Moulin, en cursus classique. Lucille et Nina, deuxième étage, chambre 213, vous êtes avec Charlène de Brémont, qui est en danse-étude, et Yasmina Loubri, qui suit le cursus classique comme Lucille.

Le visage de Nina s'illumina.

– On est ensemble ? Trop génial ! ça, c'est une méga-bonne surprise !

Lucille fronçait les sourcils. D'une voix calme, elle intervint :

– Il doit y avoir une erreur. On nous avait dit que les jumeaux n'étaient jamais ensemble.

Annabelle haussa les épaules.

– Moi, je vous dis ce qu'il y a d'écrit. S'il y a un problème, il faut aller voir M. Lamarre, le directeur.

De la pointe de son stylo, elle leur indiqua un homme à cheveux blancs qui discutait avec des professeurs, au milieu du hall. Puis, elle s'éloigna pour aller accueillir d'autres arrivants.

D'un air décidé, Lucille se dirigea vers lui. Sa sœur l'arrêta en lui prenant le bras.

– Qu'est-ce que tu fais ?

– Je vais lui dire qu'il y a une erreur.

– Mais t'es folle ! Profitons-en !

– Ah non, je ne veux pas d'histoires.

Lucille se dégagea. Sa timidité naturelle reprit le dessus quand elle arriva près du directeur. Mais, comme s'il possédait un sixième sens, il se tourna vers elle et lui demanda gentiment :

– Un souci ?

Lucille hésita, puis puisa dans son courage pour lui expliquer la situation.

– Ah oui ! Nous avons fait une exception à la demande de ton père. Il avait peur qu'après avoir raté ton examen d'entrée en classe de danse ce soit trop difficile pour toi de te retrouver toute seule.

Lucille se sentit rougir de honte et laissa échapper un « oh ! » de stupeur avant de tourner les talons pour revenir auprès de ses frère et sœur. Elle leur rapporta la discussion.

– Eh bien, tu vois ! s'exclama Nina, tu t'inquiètes trop !

– Je ne m'inquiète pas, c'est juste que j'aime quand les choses sont claires.

– Bon, les sœurettes, je vous laisse. Il faut que j'aille faire connaissance avec ma chambrée. Essayez de ne pas trop vous disputer en mon absence…

Et sur un petit signe de la main, Clément les abandonna pour se diriger vers les escaliers.

– Il est courageux ! commenta Nina en le voyant empoigner sa valise. Moi, je vote pour l'ascenseur.

– Moi aussi. La décision est donc adoptée à la majorité absolue, déclara Lucille en retrouvant le sourire.

Quelques minutes plus tard, les deux sœurs arrivaient devant une porte jaune sur laquelle le nombre 213 était inscrit en chiffres de laiton. Nina poussa le battant avec son dos pour tirer sa valise à deux mains. Elle n'avait pas fait un pas qu'une voix l'apostropha :

– On ne t'a jamais appris à frapper avant d'entrer ?

Nina s'arrêta aussitôt et tourna la tête. Une très jolie fille à boucles blondes, les poings sur les hanches, la fusillait du regard.

– Désolée, fit Nina, je ne savais pas qu'il y avait quelqu'un, et comme c'est aussi notre cham...

– C'est pour ça qu'on frappe. Pour savoir s'il y a quelqu'un. Tu viens de quel trou perdu pour ignorer cette règle d'éducation basique ?

Lucille, qui attendait encore dans le couloir, constata que les mains de sa sœur se crispaient sur les poignées de sa valise orange. Il y avait de l'orage dans l'air. Abandonnant son propre bagage un instant, elle finit de pousser le battant et, de son ton le plus enjoué, lança :

– Bonjour, nous sommes Nina et Lucille. Nous sommes ravies de faire ta connaissance. Tu dois être Charlène, la danseuse, je suppose.

– Comment tu le sais ? demanda la fille blonde d'un air méfiant.

– À ton port de tête. Ça se voit tout de suite.

Flattée, Charlène se radoucit un peu. Nina en profita pour avancer à l'intérieur de la chambre tandis que Lucille allait récupérer sa valise. Puis une fille brune, dont la frange et les lunettes à monture en écailles mangeaient la plus grande partie du visage, sortit de la salle de bains.

– Et tu dois être Yasmina, dit Nina en souriant.

La fille brune opina sans mot dire et garda la tête penchée en avant. Ses cheveux épais et longs dissimulaient presque entièrement son buste.

Les deux sœurs échangèrent un regard inquiet. Dans quelle drôle de chambre étaient-elles tombées ?

Mettez-vous à ma place !

Journal de Lucille
1er septembre

Les choses se présentent encore plus mal que ce que j'avais imaginé. Les deux filles qui partagent la chambre avec nous ne sont pas très sympathiques. Charlène nous regarde de haut. On croirait qu'elle vient de la famille royale d'Angleterre. C'est vrai qu'elle s'habille de manière très chic, chez elle, tout est de marque ! Ses vêtements, ses chaussures (beaucoup de chaussures !)… Je suis certaine que même son pyjama ne vient pas de chez H&M ! Mais ce n'est pas une raison pour être désagréable. En tout cas, je ne l'aime pas du tout, même si j'ai essayé d'arranger les choses quand j'ai vu que Nina était prête à exploser.

Yasmina, c'est différent, mais elle n'est pas plus souriante pour autant. Elle est bizarre… On a l'impression qu'elle est indifférente à tout et puis soudain elle sort les griffes. Elle a l'air d'être butée ! Il suffit de parler de ce qui s'est passé quand il a fallu choisir nos lits. Notre chambre est grande et jolie, peinte dans des tons jaune orangé, et bien agencée. Les lits sont un peu surélevés, ce qui permet de glisser des tiroirs dessous, et un bureau forme un angle droit à la tête de chacun. Sauf que, bien sûr, ils ne sont pas tous situés au même endroit !

Charlène a tout de suite attaqué :

– Moi, je m'installe près de la fenêtre !

Évidemment, c'était la meilleure place. Bureau ensoleillé et vue sur le parc.

– C'est normal, a-t-elle justifié avec aplomb, je suis arrivée la première ! Et puis de toute façon, j'ai déjà installé mes affaires.

Voilà, c'était réglé. Avec la tonne de vêtements qu'elle a apportée, il aurait fallu une bande de déménageurs pour la faire bouger ! Tant pis ! On s'en fichait bien ! Mais c'est ensuite qu'il y a eu un problème. Nina, rapide comme l'éclair, a posé sa valise sur le lit qui se trouvait à côté de la salle de bains.

– Je me sacrifie ! a-t-elle lancé d'un air joyeux. Le lit près des toilettes personne n'en veut ! Mais moi je suis comme ça, j'aime bien rendre service. Et vous savez quoi ? Ce n'est même pas la peine de me remercier !

Mais là, Nina a eu une surprise.

– Non, a dit Yasmina.

Ma sœur en est restée comme deux ronds de flan.

– Comment ça, « non » ? a-t-elle demandé. « Non », ce n'est pas la peine de me remercier ou « non », c'est la peine de me remercier ?

– « Non », comme « c'est pas toi qui prends cette place », a rétorqué Yasmina.

Sur le coup, Nina n'a pas su quoi répondre. Elle était tellement sûre que personne ne voudrait ce lit !

– Mais… mais, a-t-elle fini par balbutier, je veux être là !

– Moi aussi, s'est contentée de répondre Yasmina en s'asseyant sur le lit, à côté de la valise orange de Nina.

– Mais tu te rends pas compte, a insisté Nina, tout le monde va passer devant toi, on te réveillera la nuit…

– M'en fiche, a laissé tomber Yasmina comme un caillou dans une mare.

Charlène affichait un petit sourire en coin. Visiblement elle trouvait la discussion réjouissante.

Prenant son ton le plus charmeur, Nina a alors tenté d'attaquer sous un autre angle.

– Écoute, je m'y suis mal prise. J'aurais dû demander avant si ça dérangeait quelqu'un que je prenne cette place, mais tu vois, c'est vraiment important pour moi d'être ici, ce serait sympa de me la laisser. Bien sûr, tu pourras choisir le placard que tu veux dans la salle de bains, et je te serai redevable pour un truc, celui que tu veux !

– Non, a répété Yasmina en fuyant notre regard.

En désespoir de cause, Nina s'est tournée vers moi et a eu un geste qui signifiait : « Fais quelque chose enfin ! » Alors j'ai dit la vérité.

– Il faut que ma sœur soit près des toilettes parce qu'elle se lève souvent la nuit.

Et là, je crois que si j'avais fait exploser une bombe atomique au milieu de cette jolie chambre toute jaune, il n'y aurait pas eu de réaction plus violente (sauf qu'on n'aurait plus été là pour en discuter).

Nina est devenue toute rouge et m'a incendiée du regard. Je pouvais presque voir de la fumée sortir par ses oreilles. Le temps qu'elle retrouve la parole, Charlène s'est mise à pousser des hauts cris.

– Oh non, par pitié, pas une fille qui fait pipi au lit ! Quand je pense à la chambre magnifique que j'ai abandonnée pour me retrouver dans ces conditions lamentables, je ne vais jamais tenir le coup !

– N'importe quoi, hurla Nina, qui était à deux doigts de m'étrangler. C'est absolument n'importe quoi !

– J'ai jamais dit qu'elle faisait pipi au lit ! me suis-je écriée, indignée, à l'intention de Charlène.

Cette dernière ne m'écoutait pas du tout. Se tournant vers Yasmina, elle a ordonné :

– Laisse-lui cette place ! Je ne veux pas de catastrophe de ce genre dans la chambre où je dois dormir.

Et, au milieu de tout ce brouhaha, on a entendu percer la voix de Yasmina :

– Non !

Ça nous a calmées d'un coup. Cette fille est incroyable. Rien ne la touche, ni les besoins de Nina, ni les ordres de la reine Charlène. Elle semblait vissée à son lit et, à l'évidence, rien ne la ferait changer d'avis. Nina l'a bien compris. Et puis, comme elle me l'a dit plus tard, il fallait qu'elle « sauve » son honneur. Elle a relevé le menton et elle a annoncé d'une voix forte :

– Pour vous prouver que Lucille raconte n'importe quoi, je la laisse, cette place.

Elle a attrapé sa valise à fleurs et elle est partie s'installer sur le lit près de la porte d'entrée. Moi, j'ai pris celui qui restait, en face de Charlène. Je n'avais plus vraiment le choix.

Lorsqu'on s'est retrouvées toutes les deux, je me suis fait sonner les cloches par Nina. Je me suis défendue : je n'avais fait que dire la vérité !

– Toute vérité n'est pas bonne à suivre, a rétorqué Nina.

Dans ma tête, j'ai corrigé : « Toute vérité n'est pas bonne à dire », mais j'ai gardé le silence. Je n'avais plus envie de parler.

Je trouve que ce n'est pas juste. On m'y reprendra, à essayer de rendre service !

6ème B

– Entrez et installez-vous sans bruit, ordonna le professeur en s'effaçant pour laisser passer les élèves.

Ces derniers obtempérèrent sans broncher. Il faut dire que l'apparence de M. Panetski, leur professeur principal (et de SVT), n'invitait guère à la rigolade. Cheveux gris coupés en brosse, visage sévère et yeux d'un bleu glacier qu'une paire de lunettes cerclée de métal rendait plus froids encore, épaules carrées mises en valeur par une blouse blanche… il semblait tout droit sorti d'une école du début de siècle.

– Bien, dit-il quand tous se furent assis, je vais vous distribuer beaucoup de papiers et vous expliquer le fonctionnement de ce collège bien particulier. Mais avant ça, quelques mots, car je tiens à ce que les choses soient claires entre nous. Le manoir de Castelroc jouit d'une excellente réputation, que ce soit pour ses filières artistiques, sportives ou classiques. Vous avez été sélectionnés sur vos résultats et vos performances. Vous ne vous étonnerez donc pas que je ne tolère *aucune* médiocrité. Vous êtes ici pour donner le meilleur de vous-mêmes et continuer de faire honneur à la renommée de Castelroc.

Il s'interrompit un instant pour balayer la classe de ses yeux bleus. Clément en profita pour échanger un regard avec ses sœurs. Nina paraissait inquiète, tandis que Lucille ne montrait aucune émotion. Il se retourna un instant et aperçut ses camarades de chambre. Enfin, « camarades », c'était un bien grand mot, il les connaissait à peine. Nolan, le rugbyman, s'était mis au fond de la classe et Léo était assis près de lui. Le contraste entre les deux était assez drôle. L'un était d'une taille bien supérieure à la moyenne, avec de beaux cheveux châtains bouclés qui auraient rendu plus d'une fille jalouse, tandis que l'autre était un petit rouquin à lunettes tout maigrichon. Samy, le violoncelliste, était à l'extrémité d'une rangée, isolé de ses voisins par une place vide. Leur rencontre s'était plutôt bien passée, même si Samy n'avait fait que chuchoter deux trois mots entre ses dents. Nolan s'était montré très enthousiaste en apprenant qu'il était aussi dans l'équipe de rugby du collège. Mais ils n'avaient pas vraiment pu discuter : Léo avait monopolisé la parole jusqu'à l'heure du coucher.

M. Panetski leur présenta leur emploi du temps. C'était assez compliqué car ils faisaient tous beaucoup d'activités différentes.

– Mais que cela ne soit jamais une excuse pour vous autoriser des résultats médiocres. Rappelez-vous, je ne tolérerai aucune médiocrité !

Nina ne put s'empêcher d'afficher un petit sourire en coin. M. Panetski avait un faible pour ce mot. Elle se tourna vers son frère pour échanger un coup d'œil complice et lui fit une grimace. Malheureusement, Clément ne fut pas le seul à la voir.

– Mlle… l'interpella M. Panetski, voudriez-vous avoir l'obligeance de me donner votre nom ?

– Mou… Mouche, balbutia Nina.

– Mlle Mouche… comme la mouche du coche ?

Nina eut envie de rétorquer que non, ça, c'était son petit frère, mais comme quelques rires s'échappaient déjà dans les rangs, elle n'osa pas.

– Il semblerait que ce nom vous va à ravir, ironisa le professeur. Eh bien, Mlle Mouche, je vous invite à partager avec le reste de la classe ce qui vous fait grimacer.

Rouge comme une tomate, Nina ouvrit la bouche sans qu'aucun son n'en sorte. Heureusement pour elle, on toqua à la porte à ce moment précis et M. Lamarre, directeur de la pension et principal du collège, entra. Les élèves se levèrent comme un seul homme. D'une main tranquille, il les fit rasseoir.

– Bonjour et bienvenue à tous, commença-t-il, je suis très heureux d'accueillir dans mon établissement des recrues aussi prometteuses que vous !

L'homme aux cheveux blancs sourit. Impressionnés par son autorité placide, les élèves l'écoutèrent énoncer les règles de la pension.

– Et bien sûr, je vous rappelle que les téléphones portables sont interdits. Vos parents ont la possibilité de vous appeler le dimanche s'ils le désirent. En cas de problèmes, vous pouvez vous adresser à votre professeur principal.

Le visage de Nina se crispa. Il faudrait qu'elle soit vraiment désespérée pour demander quelque chose à ce bulldog !

– La nuit, poursuivit M. Lamarre, il y a toujours un adulte qui dort à chaque étage. Soit un professeur, soit un surveillant. N'hésitez pas à le réveiller si vous avez un souci. Un souci grave, bien sûr, pas juste parce que vous vous êtes réveillés et que vous avez envie qu'il vous chante une berceuse !

Quelques rires fusèrent. Le principal ajouta alors, en baissant la voix :

– Certains chantent tellement mal que ça risquerait de vous donner des cauchemars…

Comme les rires éclataient de toutes parts, il pivota vers le professeur et demanda :

– N'est-ce pas vrai, M. Panetski ?

Les lèvres de M. Panetski s'étirèrent en un mince sourire, qui disparut très vite.

– Certainement M. Lamarre, répondit-il.

L'ambiance se rafraîchit aussitôt. Le principal garda cependant sa bonne humeur. Juste avant de partir, il se retourna en agitant son doigt.

– Ah ! j'oubliais ! Une règle très importante : il est interdit aux garçons d'aller à l'étage des filles et vice versa, sous peine de sanctions !

Il referma la porte derrière lui. Le regard bleu glacier de M. Panetski revint balayer la classe et il lâcha :

– De lourdes sanctions. Et c'est moi, bien sûr, qui serai responsable de leur application.

Les triplés Mouche échangèrent un regard lourd de sens : c'était sûr, ils n'allaient pas rigoler tous les jours avec ce professeur…

La leçon de piano

Journal de Nina

3 septembre

Dire qu'on a le culot de prétendre que la musique adoucit les cœurs… ou les mœurs… Enfin bref, je ne sais plus. En tout cas, elle est censée adoucir quelque chose, alors que, depuis que je suis sortie de mon premier cours de piano, je suis plutôt d'humeur massacrante !

En fait, je suis injuste. La musique n'y est pour rien. C'est cette Mme Tribarnek la responsable. Mme Tribarnek, mon nouveau professeur de piano. Mme Tribarnek, mon nouveau bourreau. J'attendais pourtant ce cours avec impatience. Intégrer une classe CHAM, c'était mon rêve. Pouvoir consacrer plus de temps à la musique, faire des progrès fulgurants grâce à un enseignement de qualité, c'était le bon plan ! Comment aurais-je pu deviner que j'allais tomber sur une prof tellement vieille, tellement sèche, tellement ringarde que je me demande même si, dans son grand corps squelettique, il y a bien un cœur qui bat ! (C'est vrai qu'à y repenser je lui trouve un petit côté mort-vivant… Brrr.)

Nota Bene : penser à vérifier que Mme Tribarnek n'est pas un zombie.

Idées en vrac pour effectuer cette vérification :

1 – manger dix gousses d'ail fraîches avant mon prochain cours et garder la bouche ouverte ;

2 – rabattre le couvercle du piano quand elle joue ;

3 – mettre une punaise sous ses fesses ;

4 – pousser le piano près de la fenêtre pour qu'on soit en plein soleil ;

5 – ? (chercher d'autres idées avec Clément et Lucille).

Pourtant, cet après-midi, juste avant mon premier cours, j'étais vraiment de bonne humeur. Quand Mme Tribanek a ouvert la porte, je n'ai fait aucune remarque sur son nez crochu et ses lunettes de chouette. Au contraire, comme maman me l'a appris, j'ai fait un grand sourire et j'ai dit :

– Bonjour madame, enchantée de faire votre connaissance !

Et vous savez ce qu'elle m'a répondu ?

– Mouche, Nina. Onze ans. Quatre ans de pratique du piano dans une *petite* école de province. Premier mouvement de la sonate n° 16 de Mozart K545, dite *sonata semplice* ou « sonate facile » (c'est le morceau de musique que j'avais joué pour le test d'entrée).

Elle ne me regardait même pas. La tête penchée sur sa fiche, elle soulignait à grands coups de crayon certaines informations. Sans lever les yeux, elle a poursuivi :

– Tu vas me faire une série de gammes et une série d'arpèges. Noires, croches, doubles, triples, quadruples, triolets. 60 à la noire pour commencer.

J'étais soufflée. Mais bon, comme elle est plutôt impressionnante, la Mme Tribarnek, j'ai obéi. J'ai réglé la vitesse du métronome qui était posé sur le piano à 60 pulsations minute, et je me suis assise devant le clavier. J'ai caressé les touches blanches et noires pour prendre mes repères. Et aussi pour les amadouer un peu. Je crois que, si je les traite bien, elles seront plus disposées à se trouver là où il faudra quand il le faudra. Le piano est très beau. Il est noir, brillant, et la marque du fabricant est écrite en lettres d'or à l'intérieur du couvercle. J'ai senti le plaisir monter en moi, même si le tic-tac du métronome me rappelait que je n'étais pas là pour m'amuser.

Do… ré… mi… gamme de do majeur. Fastoche. Au fur et à mesure que je jouais ces premières notes, le désir d'épater ce professeur revêche augmentait.

Il n'a pas eu le temps d'augmenter beaucoup. À peine arrivée au sol, elle m'a interrompue.

– Position des doigts catastrophique. Poignets pliés, dos de la main penchée. Tout est à revoir. Que t'a-t-on appris pendant toutes ces années ? Tu ne connais même pas le b. a.-ba des débutants !

– Pa… Pardon ? ai-je balbutié.

– C'est une honte de jouer ainsi !

– Une honte ? ai-je répété, estomaquée.

Elle n'a pas répondu. Elle s'est levée et s'est approchée de moi avec une règle métallique. Pendant un instant, j'ai bien cru qu'elle allait m'en donner des coups sur les doigts, mais non. Elle s'est assise devant le clavier, a posé la règle en équilibre sur le dos de sa main droite, puis elle a commencé à monter et descendre les gammes sans même que la barre métallique frémisse. Ensuite, elle a positionné mes mains sur le clavier comme elle le voulait et a installé la règle dessus.

– Recommence ! m'a-t-elle ordonné.

J'ai recommencé.

Bing ! Dès la deuxième note, la règle a dégringolé.

Mme Tribarnek s'est dirigée vers la sortie.

– Je reviens dans une demi-heure, a-t-elle lâché avant de fermer la porte.

Et je me suis retrouvée comme une idiote, toute seule avec le piano, mes gammes, et sa fichue barre métallique !

Pas de doute, je la déteste !!!!!!!

Clément alla remplir la carafe d'eau et rejoignit la table qu'il partageait avec ses sœurs. Le réfectoire de Castelroc se trouvait au rez-de-chaussée du bâtiment, dans une grande salle aux murs en pierres apparentes et aux fenêtres étroites. Le soir, d'imposants lustres suspendus entre les poutres éclairaient la pièce.

– Elle était peut-être dans un mauvais jour, disait Lucille à Nina.

– Tu parles ! Je suis sûre qu'avec elle tous les jours sont mauvais !

Clément tapota l'épaule de sa sœur.

– T'inquiète pas, si tu as réussi le test d'entrée, ça veut dire que tu as le niveau.

– Évidemment que j'ai le niveau ! s'enflamma Nina, c'est juste cette vieille bique qui n'a rien compris !

Se prenant la tête à deux mains, elle gémit :

– Je suis la fille la plus malheureuse du monde ! Je croyais que ce serait le paradis par terre d'étudier le piano ici !

– « Le paradis sur terre », la corrigea Lucille avec un mouvement d'exaspération, et quant à être la fille la plus malheureuse de l'univers, rappelle-toi que toi au moins tu peux continuer à faire ce que tu aimes. Ce n'est pas le cas de tout le monde.

– Tu ne comprends rien ! s'énerva Nina, toute rouge.

Sentant que la conversation allait s'envenimer, Clément s'interposa :

– Eh les filles ! Je ne vous ai pas encore parlé de mes colocs !

Sans attendre, il commença à décrire chacun de ses camarades de chambre, à grand renfort de caricature.

– Alors d'abord il y a le très beau, le très grand, le très musclé Nolan. Champion toutes catégories et as du rugby, châtain aux yeux bleus… Attention, mesdemoiselles, bourreau des cœurs en vue !

Leur frère avait pris une voix basse et rauque et se passait la main dans les cheveux tout en leur faisant des clins d'œil en rafales.

– Puis il y a Léo-le-moulin-à-parole-qui-est-tout-petit-mais-qui-prend-beaucoup-de-place-verbalement-et-qui-sait-toujours-tout-sur-tout-même-quand-il-sait-rien-et-qui-a-le-nez-dans-les-bouquins-ce-qui-bizarrement-ne-l'empêche-pas-de-parler-sans-…

– Stop ! s'écrièrent ses sœurs en chœur, on a compris !

Clément prit aussitôt un air taciturne et fit retomber ses cheveux blonds devant ses yeux :

– Et n'oublions pas Samy, le violoncelliste maudit, même s'il est tellement discret qu'on dirait parfois qu'il oublie d'exister !

Quand Clément releva la tête, Lucille et Nina riaient aux éclats, toute idée de dispute envolée. Il sourit, satisfait.

Une fois de plus, il avait assuré comme un chef son rôle de pacificateur.

Un petit tour et puis restons !

Journal de Lucille

5 septembre

Aujourd'hui, nous avons eu cours de maths et, incroyablement, on s'est bien amusés. Mme Bédon est super drôle ! Elle est petite, rondelette et a des cheveux châtains tout frisés. Elle est plus âgée que maman, mais elle n'arrête pas de faire le clown en classe. Je crois que les maths vont devenir notre matière favorite !

En tout cas, ça y est ! Nous avons rencontré tous nos professeurs. La plupart sont sympas. Rien à voir avec

M. Panetski. Heureusement, parce que je me demandais vraiment ce que nous étions venus faire ici. Déjà que la cohabitation avec Charlène et Yasmina n'est pas franchement amusante… Sans compter que Nina me raconte des trucs flippants. La nuit, elle entend des bruits effrayants quand elle se lève pour aller aux toilettes. Des grincements sinistres, des raclements. Elle commence à croire que le manoir est hanté. Et quand je lui explique que le manoir est très vieux et que les vieilles maisons qui craquent, c'est normal, elle me rétorque qu'elle n'est pas idiote et qu'elle sait bien faire la différence. Alors je lui rappelle qu'elle a beaucoup d'imagination et j'essaye de la raisonner, mais elle est plus têtue qu'une mule !

Tiens, on frappe à la porte…

Me voilà de retour ! C'était Annabelle, la fille de troisième qui nous a accueillis le premier jour. Elle nous a emmenées toutes les quatre faire une visite du manoir pour qu'on ne se perde pas. Comme on connaissait déjà le réfectoire et les salles de classe du bâtiment principal, elle nous a d'abord conduites dans l'aile droite.

– Voici la salle de spectacle, a-t-elle annoncé en tournant plusieurs interrupteurs.

C'est une très grande pièce avec des rangées de sièges fixés au sol comme au théâtre. Il y a une belle scène cerclée de longs rideaux de velours dorés qui cachent les coulisses. Une envie folle de monter sur les planches m'a saisie. Je me voyais tournoyer et sauter en tutu, des chaussons neufs aux pieds. J'entendais la musique…

– C'est ici que tu danseras, Charlène, a alors déclaré Annabelle. Tu verras, c'est absolument génial.

Je suis revenue à la réalité et j'ai compris, en voyant le sourire d'Annabelle, qu'elle aussi était danseuse. J'aurais dû le deviner avant. C'est évident rien qu'à voir sa façon de marcher.

– Oui, ça a l'air pas mal, a lâché Charlène d'un air blasé, mais là où je donnais mes galas avant, c'était beaucoup plus chic. On aurait dit l'opéra Garnier !

Le sourire d'Annabelle a disparu. Elle a éteint les lumières et la visite a continué à l'étage. Alors qu'on montait les escaliers dans l'obscurité, elle s'est soudain arrêtée et, en se retournant vers nous, a dit d'une voix mystérieuse :

– Il y a une chose concernant cette salle… mais je ne crois pas que j'aie le droit de vous en parler. C'est un secret.

– Oh si ! Dis-nous, a supplié Nina.

Annabelle a hésité, puis elle a confié tout bas :

– En fait, il s'y passe des choses effrayantes.

Nina et moi avons échangé un regard.

– Quelles choses ? a demandé Charlène dont la voix tremblait un peu.

– Non, non ! Je vous en ai déjà trop dit, a lancé Annabelle en se remettant à gravir les marches. De toute façon, vous finirez bien par les découvrir vous-mêmes. Vous verrez, le manoir est plein de… surprises.

– Il est hanté, hein ? C'est ça ? a demandé ma sœur.

– N'importe quoi ! s'est écriée Charlène.

Mais j'ai bien vu qu'elle n'était pas rassurée. Annabelle, elle, a poursuivi la visite comme si de rien n'était.

Au premier étage, elle nous a montré la pièce où la chorale (obligatoire pour tous ceux qui sont en classe CHAM) répète, et les salles d'exposition pour les travaux d'arts plastiques. Yasmina regardait tout d'un même œil indifférent. Elle n'avait même pas réagi au « secret » d'Annabelle. J'ai bien vu qu'elle n'avait qu'une hâte : que la visite finisse. Quelle drôle de fille, quand même !

En arrivant au deuxième étage, on a entendu de la musique classique.

– Tiens, a dit Annabelle, je pensais qu'il n'y aurait personne à cette heure. Tant pis, je vous ferai visiter un autre jour.

– C'est peut-être un fantôme ? a demandé Nina, mi-sérieuse, mi-plaisantant.

Annabelle a souri.

– C'est la salle de danse. C'est là qu'Anastasiya Petrovna enseigne à ses élèves.

– Je veux la voir ! s'est exclamée Charlène, je fais partie de ses élèves !

– Non ! Les cours commencent la semaine prochaine, elle doit être en train de danser.

Annabelle a essayé d'attraper Charlène par le bras, mais celle-ci s'est dégagée et a brusquement ouvert la porte.

Annabelle avait raison. Une jeune femme dansait. En entendant le bruit, elle s'est arrêtée et est allée éteindre la musique.

– Désolée, Mlle Anastasiya, a commencé Annabelle.

Mais Charlène l'a interrompue :

– Bonjour, je suis Charlène de Brémont. Je suis une de vos nouvelles élèves. J'adore la danse. J'ai même suivi des stages cet été en Suisse pour me perfectionner. Le professeur, un très célèbre danseur russe, a dit que j'étais super douée et que je deviendrais certainement danseuse étoile.

Elle a dit tout ça en minaudant de manière insupportable. Mlle Petrovna a eu l'air surprise mais, au lieu de la remettre à sa place, elle a dit gentiment :

– Enchantée, Charlène. Je suis sûre que nous travaillerons ensemble très bien.

Sa voix roule les « r » et chante presque quand elle parle. Elle a un visage doux et des cheveux blonds tirés en chignon. Elle doit être le meilleur des professeurs.

– Puisque tu es en sixième, nous nous verrons pour ton cours premier la prochaine semaine.

Elle a une drôle de façon de construire ses phrases, mais c'est très joli.

– Oui, je vous ferai voir ce que j'ai appris cet été avec M. Louchenko ! a encore dit la reine Charlène.

Annabelle lui a repris le bras pour la tirer en arrière. Cette dernière a tenté de la faire lâcher prise, mais Annabelle a tenu bon.

– On vous laisse, a-t-elle lancé en reculant vers le couloir. Excusez-nous encore de vous avoir dérangée.

Une fois la porte refermée, Charlène a repoussé Annabelle et a sifflé entre ses dents :

– Ne t'avise plus jamais de me toucher !

Puis elle est partie d'un pas furieux vers les escaliers.

– Eh bien ! Elle a un sacré caractère, celle-là ! s'est exclamée Annabelle. Elle ne va pas avoir la vie facile.

Je suis bien d'accord avec elle. Mais en attendant, c'est cette chipie qui suivra les cours de la merveilleuse Mlle Petrovna…

K.-O.

Samedi 9h-11h : entraînement de rugby

Clément avait surligné en vert la case dans son emploi du temps. Il attendait ce moment avec impatience. Il était l'un des meilleurs joueurs de son club sur l'île d'Oléron. Il courait vite et, même s'il n'était pas le plus costaud de l'équipe, il se débrouillait toujours pour marquer quelques essais. L'entraîneur lui donnait alors une bourrade amicale dans l'épaule pour le féliciter et ses camarades lui tapaient dans la main en disant : « bien joué, Mouche ! » Il faisait généralement le modeste, mais l'admiration qu'il lisait dans les yeux de ses équipiers lui était plus douce qu'une crêpe au chocolat et à la chantilly. Cela valait bien les nombreux bleus et égratignures qu'il ne manquait pas de récolter au fil des matchs.

– Tu viens ? demanda Nolan, qui l'attendait à la porte de la chambre.

– Oui, j'arrive.

Clément vérifia que le carton contenant ses chaussures à crampons était dans son sac de sport. Puis il emboîta le pas à Nolan.

– J'ai hâte de rencontrer l'entraîneur, lâcha celui-ci. C'est vraiment génial d'appartenir à la section rugby-étude. D'où je viens, on n'avait que deux entraînements par semaine ; c'était frustrant.

– Ouais, c'est sûr, renchérit Clément, qui n'osa pas dire que, dans son club, il n'y en avait qu'un seul.

Cette année, ils en auraient trois : deux pendant la semaine et un le samedi matin.

Alors qu'ils prenaient un petit chemin qui traversait le parc pour se diriger vers le stade, Nolan demanda :

– À quel âge tu as commencé, toi ?

– Heu… à six ans je crois.

En fait, c'était à huit, mais il trouvait qu'à six ça faisait plus sérieux.

Nolan éclata de rire.

– Moi, c'était à « moins trois mois » ! Mes parents me disent que je me suis retourné dans le ventre de ma mère quand Fabien Galthié a marqué l'essai qui a permis de mener 21 à 20 contre l'Angleterre dans le Tournoi des six nations.

– Fabien Galthié ?

– Tu connais pas ?

– Heu… ça me dit quelque chose… rafraîchis-moi la mémoire…

– 64 sélections en équipe de France, dont 24 en tant que capitaine de 1991 à 2003.

– Ah oui, oui, bien sûr !

– Un sacré joueur !

– Ça, tu peux le dire !

– Mon père le connaît bien. Ils ont joué ensemble quand ils étaient jeunes. D'ailleurs, ma mère suivait tous leurs matchs et me traînait sur les stades avec elle. Tu comprends pourquoi j'ai su dire le mot rugby avant le mot école !

– Ouais, c'est sûr, je comprends.

Ce qu'il comprenait surtout, c'était que Nolan était un expert en rugby. Le temps qu'ils arrivent sur le terrain, il lui avait détaillé plusieurs actions glorieuses de l'équipe de France lors du dernier Tournoi des six nations. Clément se perdait dans les termes techniques qu'il employait. Pourvu que les autres garçons ne soient pas comme lui !

Son espoir fondit comme neige au soleil lorsqu'il pénétra dans les vestiaires. Tous ses futurs équipiers étaient de l'acabit de Nolan. Et comme les sixièmes s'entraînaient avec les cinquièmes, certains étaient même encore plus massifs et plus grands que lui. Quant à leurs conversations, elles semblaient tout aussi « professionnelles ».

Mais le pire était à venir. Une fois les présentations faites, leur « coach » ne tarda pas à entrer dans le vif du sujet. Après un rapide échauffement, M. Tabaillon voulut les tester. C'était un ancien joueur professionnel venu de Toulouse. Il avait un cou de taureau et une silhouette d'armoire à glace. Chacune de ses phrases était teintée de l'accent chantant du sud, ce qui provoquait certains rires. De tempérament jovial, il ne s'en formalisait pas, mais il savait être glacial si on lui tenait tête.

Il commença par diviser le groupe en deux pour faire un petit match. Puis il siffla le coup d'envoi. Dès le début, cela partit à cent à l'heure. L'équipe adverse possédait le ballon et un mastodonte fonçait droit devant. Pour son malheur, Clément se trouvait juste sur sa trajectoire.

– Plaque-le ! hurla un de ses camarades.

Plaquer ? Il en avait de bonnes, lui ! Comment pouvait-on plaquer un rhinocéros en pleine course ?

À la dernière seconde, Clément s'effaça tel un toréador devant un taureau qui charge. Olé ! Sans conviction, il fit une vague tentative pour lui attraper le bras. Cela eut autant d'effet qu'un moustique essayant de freiner un éléphant.

– Mais qu'est-ce que tu fous ? s'écria son coéquipier en passant devant lui à toute allure pour rattraper l'autre.

Clément balbutia quelques excuses, mais personne ne l'écouta. La suite du match ne fut qu'une succession de catastrophes du même style. Terriblement stressé, Clément laissa échapper le ballon, glissa sur l'herbe et fit même une passe à l'adversaire. Il crut cependant que la chance lui souriait quand, vers la fin du match, il reçut soudain le ballon dans les bras alors qu'il n'était qu'à une dizaine de mètres de la ligne d'essais. Il s'élançait pour franchir cette courte distance lorsqu'il eut soudain l'impression que le ciel lui tombait sur la tête. Un gars, serrant ses jambes d'une embrassade de fer, venait de le projeter au sol. Deux autres en profitèrent pour s'écraser sur lui.

– Fais une passe ! s'égosillait Nolan avec les autres membres de son équipe.

Clément aurait aimé leur faire ce plaisir, mais le ballon était coincé sous son ventre et lui-même coincé sous une centaine de kilos de muscles. Impossible de bouger ne serait-ce que le petit doigt !

Lorsque l'entraîneur siffla la fin du match, Clément était tout groggy.

– Il va falloir te bouger, commenta M. Tabaillon avec une grimace.

Dans les vestiaires, les commentaires furent bien pires.

– Où est-ce que t'as appris à jouer au rugby ? lança Max, un géant brun qui devait faire deux fois son poids (le rhinocéros du début de match. Il avait d'ailleurs l'air tout aussi sympathique que l'animal). Dans le monde des Bisounours ?

Certains éclatèrent de rire.

– Y'a pas de catégorie « poids mouche » au rugby ! se moqua un autre.

Mais la plupart de ses camarades ne décoléraient pas :

– C'est pas croyable d'être aussi nul ! Comment t'as pu te débrouiller pour entrer en rugby-étude à Castelroc ? Tu es pistonné ou quoi ?

– Même pas ! répondit Nolan à sa place. Mon père m'avait dit qu'il manquait un joueur dans l'équipe pour qu'on puisse participer aux tournois régionaux. Du coup, il fallait accepter quelqu'un de plus, même s'il n'avait pas le niveau.

Puis, se tournant vers Clément, il lui jeta un regard plein de mépris.

– Maintenant, je sais de qui il s'agit.

Un fantôme dans la salle de bains ?

Journal de Nina

7 septembre

L'autre nuit, je l'ai encore entendu. Je m'étais *exceptionnellement* levée pour aller aux toilettes quand il s'est manifesté. Il y a eu tout d'abord ces grincements, comme ceux d'une porte dont les gonds sont mal huilés dans les châteaux forts. Puis des grattements. Comme si quelqu'un était enfermé dans un cachot et essayait de communiquer à travers le mur. C'était trop flippant… Et trop génial en même temps ! Imagine, cher journal, si la pension était hantée. J'ai toujours rêvé de rencontrer un fantôme, mais, dans les appartements modernes qu'on a habités à Paris, il ne fallait pas y compter. Pareil pour notre jolie petite maison sur l'île d'Oléron. Elle respire la joie de vivre. N'importe quel fantôme partirait en courant en voyant ses fenêtres fleuries et ses murs blanchis à la chaux ! Tandis qu'ici, au manoir de Castelroc, c'est tout à fait possible. Les bâtiments datent du XVIIIe siècle et Annabelle nous a raconté que la famille de Castelroc y avait été massacrée pendant la Révolution française !

Le soir suivant, j'en ai parlé aux filles de la chambre pour savoir si elles aussi avaient remarqué quelque chose. La réaction de Charlène ne s'est pas fait attendre. Elle est tout de suite montée sur ses blancs chevaux.

Nota Bene : Est-ce qu'on dit bien « monter sur ses blancs chevaux » ? J'ai un doute. Penser à demander à Lucille.

– Ma pauvre fille, tu as vraiment un problème, a-t-elle raillé. Après le pipi au lit, voilà que tu crois aux fantômes ! Dis-moi, tu le vois, là, ton revenant ?

Elle est trop méchante cette fille ! Je ne savais pas que des gens comme elle pouvaient exister. N'empêche, elle avait beau faire la maligne, il était clair qu'elle n'était pas rassurée. Son petit rire nerveux la trahissait.

– Je n'ai pas dit que je le voyais ! J'ai dit que je l'entendais, ai-je protesté. C'était la nuit, pendant que j'étais dans la salle de bains.

Bizarrement, Yasmina a pris la parole. Elle était toute pâle. Mon histoire l'avait visiblement secouée.

– Tu t'imagines des choses, Nina. Tu l'as dit toi-même le premier jour, il y a beaucoup de bruits qui proviennent des toilettes. Castelroc est une vieille bâtisse. Il suffit que quelqu'un ouvre un robinet, même à un autre étage, et on a l'impression qu'une fusée va décoller !

Ah ! Mais elle allait me faire passer pour une folle ! Du coup, j'ai insisté :

– Justement, ce n'était pas ça du tout ! C'était beaucoup plus mystérieux. Et beaucoup plus… près.

Charlène se leva d'un bond et alla allumer la lumière. La nuit était tombée sans qu'on s'en rende compte et une chouette hululait dans le parc. Cela commençait à devenir très drôle. Yasmina et Charlène ne pouvaient s'empêcher de jeter des coups d'œil inquiets vers la porte de la salle de bains. J'aurais bien continué un peu si Lucille n'était pas intervenue.

– Les filles ont raison, a-t-elle déclaré calmement. Les fantômes, ça n'existe pas.

– Ah ouais ? ai-je rétorqué, et pourquoi on en parle autant alors ? Il y a des tas de phénomènes que personne n'arrive à expliquer. Ce n'est pas moi qui ai inventé les maisons hantées !

Alors Lucille est allée dans la salle de bains et a dit tout haut :

– Esprit, es-tu là ? Si tu es là, tape trois fois… ou au moins une.

Évidemment, il ne s'est rien passé ! Charlène et Yasmina ont repris des couleurs et je me suis dit que j'allais encore passer pour le guignol de service. Heureusement, j'ai quand même réussi à avoir le dernier mot :

– Eh bien, si tout ça n'est qu'une invention, pourquoi Annabelle nous a-t-elle parlé d'un truc secret qui ferait peur ? Ce n'est pas le genre de fille à raconter des histoires !

Et sur ce, je me suis allongée sur mon lit pour lire *Le Fantôme de Canterville* d'Oscar Wilde (un bouquin super, très drôle et tout à fait d'actualité).

Peu à peu l'ambiance a changé. Charlène s'est mise à punaiser activement des photos d'elle en tenue de danseuse. Incroyable mais vrai, il y en avait même une en mini poster qui avait été prise dans un studio de photographe ! Elle avait les bras levés en arc de cercle au-dessus de la tête, les pieds en angle droit, et portait un tutu blanc scintillant de paillettes. Si je me souviens bien, Lucille appelle ça la cinquième position. Bref, une pose style « admirez-moi, je suis la future étoile de l'Opéra de Paris ».

Craignos côté modestie !

En plus, elle commentait en même temps qu'elle punaisait : « Là, c'est Môaa, au festival de Bidultruc… Là, c'est quand le graaaaand professeur Machin a vu à quel point j'étais douée… Là, c'est quand j'ai dansé le prrrrrremier rôle du ballet Pétaouchnok… » (Désolée, cher journal, je ne me souviens plus de tous les noms qu'elle a sortis en rafale !)

Ce qui était très drôle, c'est qu'elle prenait un pseudo accent russe sans s'en rendre compte. Elle ne voyait pas non plus qu'à part moi (qui me moquais d'elle) personne ne l'écoutait. Yasmina avait le nez plongé sur ses devoirs et Lucille était dans le bouquin que M. Lapautre, le prof de français, nous avait demandé de lire pour la semaine prochaine. En voyant ma sœur si concentrée, j'ai été soulagée. Heureusement qu'elle se fiche pas mal de la danse maintenant, parce que sinon tout ce déballage l'aurait terriblement fait souffrir.

En fait, la plus malheureuse de tous, c'est moi : Clément est super content de son entraînement et Lucille se donne à fond dans les études, sa nouvelle passion. Pourquoi faut-il que j'aie la prof de piano la plus pourrie de la planète ?????

Serez-vous prêts ?

Journal de Lucille

Jeudi 11 septembre

Grosse émotion ce soir !

Après les cours, nous, les sixièmes, avons eu droit à une surprise des profs. Et pour une fois, ce n'était pas une interro. Nous avions été convoqués dans la salle de spectacle. Lorsque nous nous sommes assis, la lumière s'est éteinte et les rideaux de velours dorés se sont ouverts sur une musique plutôt sinistre. Des squelettes et quelques zombies ont surgi. Des filles ont crié, évidemment, mais moi je trouvais ça plutôt bien fait. Les costumes étaient géniaux et il y avait une sorcière qui dansait trop bien. Puis ils se sont tous figés, comme sur une photo, et une voix d'outre-tombe a résonné : « Dans moins de deux mois, Halloween sera de retour. Serez-vous prêts ? »

Il y a encore eu des cris aigus et, soudain, la lumière est revenue. Les squelettes et les démons ont ôté leurs masques et on a reconnu certains de nos professeurs. Les sorcières étaient plus difficiles à identifier parce qu'elles étaient très bien maquillées, mais je savais que l'une d'elles, la plus mince et la plus gracieuse, était Mlle Petrovna.

Les éclats de rire et les applaudissements ont éclaté.

M. Lamarre est arrivé sur scène, une citrouille sous le bras, et nous a tout expliqué :

– Chers élèves, comme chaque année, nous montons un spectacle pour Halloween. Les élèves des classes artistiques seront bien sûr réquisitionnés d'office. Nous aimerions cependant que chacun se sente concerné par ce projet. Sachez qu'il y a une place pour toutes les bonnes volontés.

Il a donné quelques explications pratiques sur l'organisation avant de terminer ainsi :

– Nous vous invitons donc à vous inscrire nombreux ! Et n'hésitez pas à poser des questions aux professeurs que vous voyez sur scène et qui participeront à ce projet. Ils sont un peu effrayants, mais n'ayez pas peur !

Tout le monde s'est mis à rire de nouveau. Sauf moi.

– C'est mégapharaonique ! s'exclamait Nina toutes les dix secondes en sautant comme une puce sur son siège.

Clément aussi avait l'air content. (Je dois dire que je l'avais trouvé plutôt bizarre ces derniers jours.) Moi, je n'attendais qu'une chose : pouvoir sortir de cette maudite salle. Lorsque le public s'est levé, j'ai couru me réfugier dans les toilettes. Je me suis enfermée dans une cabine et les larmes sont sorties comme une rivière en crue. J'ai vu un reportage une fois à la télé : malgré les barrages, rien n'avait pu arrêter l'eau. Eh bien, pour moi, c'était exactement pareil. Toutes les barrières que j'avais mises en place pour retenir mes pleurs ont cédé. C'était juste trop difficile. Un spectacle de danse sur Halloween !

Avec Mlle Petrovna ! Et moi je ne serais que spectatrice ! Non, c'était trop horrible !

Et puis j'ai entendu :

– Lucille ? C'est toi ?

Je n'ai pas répondu, mais ce n'était pas la peine, Nina m'avait entendue. J'ai ouvert la porte et elle m'a prise dans ses bras, comme quand on était petites.

– C'est à cause de la danse, c'est ça, hein ? Tu nous as joué la comédie de « je m'en fiche bien » alors qu'en fait tu étais triste.

Elle avait tout compris. Parfois entre nous, c'est comme ça. Il n'y a pas besoin d'explication.

– Écoute-moi bien, a-t-elle dit au bout d'un moment en prenant son ton de petit chef qui est souvent très énervant, ce spectacle, tu vas y participer !

J'ai pleurniché :

– Surtout pas ! La seule chose que je voudrais y faire, c'est danser, et ça, c'est réservé à ceux qui font danse-étude, puisque les répétitions ont lieu pendant les heures de cours.

Mais là, toujours sur le même ton, elle a affirmé :

– Tu y danseras ! Foi de Nina Mouche !

– Mais comment…

– Je trouverai ! m'a-t-elle interrompue.

– J'ai même pas mes chaussons…

– Je trouverai ! a-t-elle répété.

Puis elle a séché mes larmes, j'ai passé de l'eau sur mon visage avant de remonter dans notre chambre en espérant que Charlène ne me verrait pas dans cet état.

Je dois reconnaître que je vais mieux maintenant, même si je ne crois pas un seul instant à ce que Nina m'a dit. Mais je me sens plus légère de ne plus avoir à jouer l'indifférente. Pleurer un bon coup dans les bras de sa sœur, ça fait du bien aussi.

Nina peut être très casse-pieds et vraiment envahissante, mais pour les câlins, elle est très forte !

Conseil de guerre

Le vendredi soir, dans le réfectoire de Castelroc, il règne toujours un peu une atmosphère de fête. Les cours sont finis, il y a buffet de pâtes et de sauces à volonté au menu et des cônes glacés en dessert. Lucille, Nina et Clément, attablés devant une assiette bien remplie, s'apprêtaient à planter leur fourchette dans leurs spaghetti quand Nina déclara avec autorité :

– Je convoque un conseil de guerre !

Son frère et sa sœur se tournèrent vers elle.

– Quand ça ? demanda Clément.

– Immédiatement, répondit-elle, autant joindre le futile à l'agréable.

– L'*utile* à l'agréable, corrigea Lucille.

– C'est pareil, balaya Nina.

– O.K., dit son frère avec un peu de réticence. À quel sujet ?

– Eh bien, commença Nina d'un ton mystérieux, j'ai découvert que l'un de nous était un petit cachottier...

Lucille leva les yeux au ciel, mais Clément pâlit.

– Qu... qu'est-ce que tu veux dire par là ? balbutia-t-il.

– Oh, tout simplement que quelqu'un n'a pas été très honnête...

Le garçon ferma les yeux, honteux et surpris à la fois. Comment diable Nina avait-elle percé son secret ?

– Écoute, commença-t-il, c'est vrai que...

Lucille l'interrompit d'une voix agacée :

– Ça suffit, Nina, arrête ton cirque, on n'est pas au théâtre. Viens-en au fait !

À la grande surprise de Clément, sa sœur obtempéra avec un sourire d'excuse :

– O.K. O.K. ! Alors voilà : Lucille souffre de ne plus danser, contrairement à ce qu'elle a essayé de nous faire croire. Il faut donc qu'on trouve un plan, et vite, pour lui permettre de réenfiler ses chaussons !

En quelques mots, elle résuma ce qui s'était passé la veille.

Toujours aussi pessimiste, Lucille intervint :

– Et puisqu'on parle de chaussons, reconnaissez que c'est déjà très mal parti, vu que j'ai laissé les miens à Oléron !

Le visage de Clément s'illumina. Bondissant de sa chaise, il s'écria :

– Ne bougez pas ! Je reviens !

Sous le regard ahuri des jumelles, il sortit en courant du réfectoire.

– Qu'est-ce qui lui prend ? s'étonna Nina.

Lucille fronça les sourcils d'un air soucieux.

– Je me demande s'il ne couve pas quelque chose… Il est étrange ces derniers temps. Et tu as remarqué ce soir ? En quelques minutes il est devenu tout pâle, puis soudain tout rouge. Je pense qu'il a des poussées de fièvre…

– Allons donc ! Clément n'est jamais malade !

– Pff… n'exagère pas. Ce n'est pas un robot.

Les deux filles décidèrent de questionner leur frère quand il serait de retour. Chacune, bien décidée à prouver à l'autre qu'elle avait tort, se mit à surveiller la porte du réfectoire. Aussi impatient qu'elles, bien que pour d'autres raisons, Clément réapparut bientôt, un sac à la main, courant presque. Dans son élan, il bouscula Yasmina. La collision ne fut pas trop brutale, mais tous deux laissèrent échapper ce qu'ils tenaient. Nina et Lucille virent leur frère se précipiter pour ramasser le sac en papier de Yasmina qui s'était ouvert en tombant. Elles devinèrent qu'il s'excusait tout en ramassant des choses vertes éparpillées sur le sol. Yasmina, loin de lui en être reconnaissante, lui arracha le sac des mains et fourra ce qui en était tombé à l'intérieur. Elle tourna la tête de droite à gauche pour vérifier que personne n'avait vu l'incident et blêmit quand elle découvrit que les jumelles l'observaient. Elle serra sa main autour de la poignée du sac et, d'un bond, se rua vers la sortie.

Quelques secondes plus tard, Clément rejoignait ses sœurs. Il affichait un air perplexe.

– C'était quoi, ces trucs verts ? s'enquit Nina, dévorée de curiosité.

– De la salade.

– De la salade ? s'écrièrent ses sœurs en chœur.

– Oui, c'est drôle, non ?

– Sacrément bizarre, tu veux dire ! Qu'est-ce qu'elle peut bien en faire ?

– Elle a peut-être faim… suggéra Lucille sans trop y croire elle-même.

– Et c'est avec des feuilles de laitue qu'elle va calmer son appétit ? lâcha Nina sur un ton ironique, elle aurait dû en prendre un wagon, alors !

Lucille haussa les épaules et déclara :

– Oh, et puis, peu importe ! Elle a bien le droit de manger des kilos de laitue, non ? La salade est en libre-service, et c'est moins nocif que les chips !

Puis, se tournant vers son frère, elle poursuivit :

– Moi, ce qui m'intéresse, c'est de savoir si toi, tu vas bien.

Interloqué, Clément balbutia :

– Oui… oui… je vais très bien.

– Ah ! tu vois ! s'exclama Nina, triomphante. Je t'avais bien dit qu'il n'était pas malade !

– Malade, moi ?

– Lucille dit que tu es bizarre en ce moment… que parfois tu rougis, que parfois tu pâlis. Mais moi je disais que c'était n'importe quoi, que tu ne tombais jamais malade !

Lucille répliqua d'un ton exaspéré :

– J'avais juste peur que tu ne couves quelque chose, et comme, en plus, demain tu as entraînement de rugby, je me disais que tu ferais peut-être mieux de rester au chaud.

Nina se frappa le front de la main en soupirant :

– Pitié ! On croirait entendre papa !

Sa sœur lui lança un regard désapprobateur tandis que Clément changeait de sujet de conversation.

– Vous ne voulez pas connaître ma surprise ?

– Mais oui, c'est vrai ! s'écria Nina. Tu es parti comme une fusée tout à l'heure. Alors ?

Clément posa un sac à côté de l'assiette de Lucille.

– Tiens, c'est pour toi.

La jeune fille, perplexe, ouvrit le sac et étouffa un cri.

– C'est quoi ? s'enquit Nina.

Plongeant les deux mains à l'intérieur du sac, Lucille en ressortit deux objets identiques.

– Mes chaussons, soupira-t-elle avec bonheur.

– Comment tu as…

– Lucille sans ses chaussons, c'est comme un jour sans soleil, l'interrompit Clément. Je savais bien que tu regretterais un jour ou l'autre de ne pas les avoir emportés.

Ses deux sœurs le regardèrent avec admiration, pour son plus grand bonheur.

Lucille caressa ses ballerines avec tendresse. Puis, d'une toute petite voix, elle confia :

– Maintenant, je commence presque à y croire…

Week-end à Castelroc

Journal de Nina

Dimanche 14 septembre

Il y a du mystère dans l'air. Je le sens, je le sais ! Mon instinct de Sherlock Holmes ne me trompe jamais.

Bon, c'est vrai que je n'ai pas souvent eu l'occasion de l'utiliser jusqu'à présent, mais ça ne veut pas dire pour autant que je n'ai pas raison. Y'a des trucs bizarres qui se passent dans cette chambre. Même si je suis la seule à m'en rendre compte. Cette nuit, j'ai réveillé Lucille pour lui faire entendre le fantôme de la salle de bains. Bien sûr, le temps qu'elle se lève, le silence régnait à nouveau, et elle s'est recouchée furieuse. Cela ne m'a pas empêchée d'en reparler ce matin, au lever. Rien que pour voir l'air horrifié de son altesse Charlène. Ça lui apprendra à se moquer de Lucille et de ses chaussons (qui, paraît-il, ne sont pas de la marque qu'il faut et sont trop usés pour être portés. Moi, je crois surtout qu'elle est hyper jalouse depuis qu'elle a découvert que Lucille est danseuse elle aussi !)

J'oubliais ! On a reçu un appel de papa et maman, tout à l'heure. Le haut-parleur de l'étage nous a prévenues et on a couru à la salle de téléphone. Clément était dans les escaliers et on est arrivés tous les trois ensemble. C'était à la fois super et triste de les entendre. Quand ils avaient appelé le week-end dernier, on était encore tout excités par la nouveauté de la pension. Mais cette semaine, on s'est rendu compte qu'ils nous manquaient. Je crois que papa aussi était prêt à verser une larme. Maman a alors pris le téléphone et nous a dit de bien en profiter, que c'était une chance formidable de découvrir cette nouvelle vie. Ça m'a fait penser à mon fantôme et je lui ai dit que oui, elle avait bien raison. Vivre dans une maison hantée, c'était une sacrée nouvelle expérience. Évidemment, elle n'a pas voulu me croire et m'a dit qu'un jour il faudrait quand même que j'arrête de laisser galoper mon imagination. Ça m'énerve ! (Heureusement que dans le fond j'entendais papa qui criait « Quoi ? quoi ? il y a un fantôme ? » ; au moins, lui s'inquiète vraiment. Mais comme d'habitude, dès que maman a dit : « François, je gère ! », il s'est calmé et il n'a plus été question de maison hantée.)

Sinon, d'un commun accord, on a décidé de garder pour nous le secret de Lucille. Tant que les choses n'auront pas changé, ce n'est pas la peine d'inquiéter nos chers parents.

En sortant, on a aperçu Yasmina au téléphone en pleurs. Lucille a voulu l'attendre pour la consoler un peu. Malheureusement, Yasmina n'a pas apprécié du tout. Elle a repoussé Lucille qui s'approchait d'elle et s'est écriée :

– Tu ne comprends rien ! Laisse-moi tranquille !

Elle est vraiment zarbi, cette fille.

Cet après-midi, on est allés se balader dans l'iiiiiimmense parc qui entoure le manoir. Il faisait un temps super pour la saison : soleil et ciel bleu, pas une pique de vent, un vrai jour d'été indien. En passant à côté des terrains de sport, on a vu des garçons qui s'entraînaient et j'ai reconnu le beau Nolan. J'ai demandé à Clément pourquoi il ne jouait pas avec lui et les autres, et il m'a répondu qu'il les voyait assez pendant les entraînements. Ça alors ! À Oléron, quand il devait retrouver ses potes du rugbyclub, on n'existait plus pour lui.

Est-ce que c'est l'effet pension ? Papa nous a fait promettre de veiller les uns sur les autres juste avant que nous prenions le train. Pour plaisanter, nous avons levé la main droite et proclamé solennellement « je le jure », comme dans les films américains. Peut-être que Clément l'a pris au sérieux finalement…

En tout cas, nous avons passé un bon moment tous les trois. On est montés en haut d'une colline boisée et, quand on est arrivés au sommet, on a découvert une superbe vue sur la vallée. Au loin, on devinait des maisons pas plus grandes que des jouets. Et au sud, un lac qui miroitait au soleil. Ça donnait envie de plonger dedans ! Clément était ébloui. C'est drôle… J'ai eu l'impression qu'il aurait pu rester là des heures à admirer le paysage. Mais, moi j'ai été obligée de rentrer à cause de la mère Tribarnek, qui m'assomme de gammes et ne cesse de râler :

– Mouche, plus souples les doigts !

Ou bien :

– Tu as un poignet dans le plâtre ? Non ? Ah bon, j'aurais pourtant cru en te voyant jouer !

Ou encore :

– Et c'est ce que tu appelles « suivre le métronome » ? La règle, Mouche, la règle !

Si elle continue comme ça, je vais la lui faire avaler, sa règle.

En attendant, elle me stresse tellement que je m'entraîne deux heures chaque jour le week-end. Comme ça, mon nom apparaît sur le tableau de la salle de piano et au moins elle ne peut pas me reprocher d'avoir rien fichu.

Nota Bene :

1 – je n'ai pas pu tester l'idée n° 2 (rabattre le couvercle du piano quand elle joue), parce que cette feignante n'a pas touché le clavier depuis la rentrée.

2 – je n'ai pas encore eu le courage de tester l'idée n° 3 (mettre une punaise sous ses fesses), mais j'y travaille psychologiquement !

Un cachottier peut en cacher un autre

Après que ses sœurs l'eurent quitté pour aller travailler, l'une son piano, l'autre ses mathématiques, Clément courut jusque dans sa chambre. Léo était sorti pour encourager Nolan, et seul Samy était présent. Il jouait du violoncelle sans son archet, en pinçant les cordes. Il releva brusquement la tête, dégageant un court instant ses cheveux bruns et raides qui lui pendaient devant les yeux.

– Tu rentres déjà ? demanda-t-il d'un ton ennuyé.

« Sympa », pensa Clément. Pour une fois qu'il ouvrait la bouche, c'était pour lui faire comprendre qu'il était de trop.

– Je viens juste chercher…

Il s'interrompit brusquement avant de reprendre très vite :

– Mon sac de sport, oui, c'est ça, je l'ai oublié… et je ressors.

Samy ne cacha pas son soulagement.

– Super !

Un peu vexé, Clément ne put se retenir de le remettre à sa place. Il commençait à en avoir assez de ses remarques déplaisantes. Et, il lui rappela sur un ton aigre une des règles de l'établissement :

– Tu sais qu'on n'a pas le droit de jouer d'un instrument dans les chambres. Il faut aller aux studios de musique pour répéter.

Samy baissa la tête.

– Je sais bien. J'en reviens juste. Mais au bout de deux heures, il faut laisser la place aux autres, et j'avais encore plein de choses à revoir. Comme il n'y a personne dans la chambre et que je joue *pizzicato*, je ne dérange pas vraiment, non ? Les voisins ne peuvent pas m'entendre. Alors si tu dis rien…

Il avait parlé d'une voix presque suppliante, et Clément, qui ne l'avait jamais entendu parler si longtemps jusqu'à cet instant, le rassura immédiatement.

– Bien sûr que non ! Je disais ça comme ça…

Il sembla à Clément que Samy esquissait un sourire. C'était difficile à dire avec tous ses cheveux qui lui cachaient le visage. Bah ! Ce n'était pas grave. Du moment que son camarade ne se préoccupait pas de ce que lui-même était venu faire, il pouvait bien jouer tout l'après-midi…

Clément se dirigea vers son armoire et fouilla dans ses affaires. Il attrapa le coffret en bois qu'il avait dissimulé sous une pile de tee-shirts et le glissa rapidement dans son sac de sport. Il jeta un regard par-dessus son épaule pour vérifier que Samy n'avait rien remarqué : le jeune garçon, la tête penchée sur son instrument, était perdu dans sa musique. Parfait !

Clément ferma la fermeture Éclair de son sac d'un coup sec et le jeta sur son épaule.

– Bon, ben j'y retourne !

Samy ne répondit pas. Ses doigts couraient sur les cordes. L'avait-il seulement entendu ?

Clément haussa les épaules et se dirigea vers la porte.

– Au fait, ça veut dire quoi « *pizzicato* » ? demanda-t-il. On dirait le nom d'une pizza.

Pour la première fois, Clément entendit le rire de Samy.

– Pas vraiment, rectifia celui-ci. *Pizzicato*, c'est le mot italien pour dire « pincé ». C'est-à-dire que je pince les cordes au lieu de les frotter avec l'archet.

– Ah ! fit Clément en se mettant à rire à son tour. Effectivement, ça n'a rien à voir avec une pizza…

Clément reprit la direction de la colline boisée qu'il avait découverte avec ses sœurs. Il fit un détour pour éviter les terrains de sport et grimpa à toute allure le petit sentier qui menait au sommet. Quand il atteignit le promontoire qui dominait la vallée, il s'arrêta enfin. Un sourire éclairait son visage. La lumière était encore plus belle que lorsqu'il était venu avec Lucille et Nina. L'après-midi touchait à sa fin et le soleil dorait la cime des collines. La vallée s'étendait à perte de vue. Il aurait pu passer des heures à admirer le paysage. Une idée lui traversa alors l'esprit et, regardant autour de lui, il découvrit un vieux banc de pierre à moitié recouvert par les ronces. Son sourire s'élargit : les gens qui avaient fait bâtir Castelroc avait eu la même pensée que lui. Il posa son sac à terre pour dégager le banc, s'assit dessus, laissa échapper un soupir de contentement, puis se pencha pour ouvrir son sac. L'instant était venu. Il se sentait prêt.

Il regarda autour de lui avec inquiétude. Il ne fallait surtout pas qu'on le surprenne avec le coffret. Ce moment n'appartenait qu'à lui. C'était son jardin secret.

Et si certaines personnes venaient à le découvrir (Nolan en particulier), ce serait terrible. Rien que d'y penser, il en avait des sueurs froides.

Honnêtement, il n'était pas sûr d'y survivre.

Do mi sol do do sol mi...

Journal de Nina

Mardi 16 septembre

... Do ! Répétons nos gammes et nos arpèèèè... è-ges ! Le vrai musicien répète avec ardeuuuuur...

Voilà ce que je chantais à tue-tête avant que Mme Tribarnek ne débarque dans la salle de piano.

Bon, le résultat était assez éloigné de celui obtenu par la mignonne petite Marie des *Aristochats*, je dois bien le reconnaître. Je massacrais la chanson façon dark metal en écrasant furieusement les touches du clavier. Peut-être un peu trop d'ailleurs. Je soupçonne que, malgré les portes isolantes et les murs tapissés, on a dû m'entendre dans les couloirs. Parce que lorsque la reine mère de Blanche-Neige est entrée, elle a lâché d'un ton sévère :

– Vous cherchez à faire tomber les murs, Mouche ?

J'ai répondu, la bouche en cœur :

– Je répétais juste mes arpèges avec ardeur, madame.

Là, elle m'a littéralement foudroyée du regard à travers ses lunettes et a articulé d'une voix glaciale :

– Ne me prenez pas pour une imbécile ! J'ai horreur de ça.

Même si j'ai terriblement honte de le reconnaître, j'ai baissé les yeux. Elle est trop flippante !

Puis, il s'est passé un truc très intéressant : pendant que je reprenais mes gammes en si mineur pour la troisième fois, règle en place, parfaitement parallèle au clavier, on a frappé à la porte. Tout en me faisant signe de continuer, Mme Tribarnek est allée ouvrir en pestant à mi-voix qu'elle avait horreur d'être dérangée (en fait, elle a horreur de beaucoup de choses...). Sans même avoir besoin de tourner la tête, j'ai reconnu à son accent chantant que la « perturbatrice » était la douce Anastasiya Petrovna, la prof de danse.

– Oh ! Vous donnez un cours, Mme Tribarnek, je vous prie de bien vouloir excuser moi, je ne savais pas, je ne voulais pas déranger vous…

– Trop tard, a lâché la sorcière d'un ton sec, c'est déjà fait.

– Je suis désolée, je repasserai plus tard…

– Certainement pas ! Vous m'avez déjà dérangée une fois, inutile de recommencer. Dites-moi ce que vous avez à me dire.

J'entendais très bien leur conversation parce que je m'étais mise à jouer du piano *piano* (non, non, je ne me répète pas ! Jouer « *piano* », ça veut juste dire jouer « pas fort »).

En revanche, je ne pouvais pas les voir, mais je suis prête à mettre ma tête au feu que la pauvre Mlle Petrovna a rougi comme un coquelicot. D'une petite voix, elle a poursuivi :

– Ah… heu… alors c'était… juste pour avec vous discuter les musiques sur lesquelles ma troupe dansera pour le spectacle de Halloween.

Elle avait dit la fin très vite histoire de ne pas faire perdre trop de temps à « l'obsédée du métronome » qu'est Tribarnek. Cette dernière a répliqué avec exaspération :

– Inutile. C'est tout vu. Ce sera *La Danse macabre* de Saint-Saëns et *Une Nuit sur le mont Chauve* de Moussorgski. C'est comme ça chaque année.

– Justement, a tenté Mlle Petrovna, changer peut-être un petit peu, ce serait bien, non ?… J'avais envie d'utiliser des plus récentes musiques. J'ai fait une liste petite…

Il y a eu un silence (dans la conversation bien sûr, parce que moi, au piano, je continuais de monter et de descendre mes gammes). J'en pouvais plus de ne pas savoir ce qui se passait, alors j'ai regardé par-dessus mon épaule. Ma tortionnaire avait la tête penchée sur un bout de papier, et son visage, déjà tout ridé, devenait à chaque instant plus fripé de contrariété. On aurait dit une vieille pomme oubliée dans un grenier. Pouah !

– Il n'en est pas question ! a-t-elle sifflé. Jamais je n'accepterai que mes élèves jouent de telles balourdises !

Et là, ça a été la catastrophe ! Comme je me tordais le cou pour mieux voir, j'ai soudain entendu un bruit du tonnerre. On a sursauté toutes les trois et elles se sont tournées vers moi. Leur regard a croisé le mien avant de se poser sur la règle en métal, qui avait dégringolé sur le clavier, le banc et enfin le carrelage.

– Voici la démonstration vivante de ce que j'essaie de vous expliquer, a déclaré la Tribarnek en me désignant du doigt comme si j'étais un animal de cirque. Il leur faut de la rigueur, encore de la rigueur, toujours de la rigueur ! Saint-Saëns et Moussorgski, c'est parfait. Il n'y a rien de négociable. Ce n'est pas avec vos fadaises qu'on en fera des musiciens !

Elle a tendu la liste à la pauvre Mlle Petrovna et lui a presque fermé la porte au nez. Puis elle s'est tournée vers moi, encore plus de mauvais poil que d'habitude en grinçant :

– La règle, Mouche, la règle !

J'ai ramassé sa fichue règle en rêvant de la lui faire avaler une fois pour toutes. J'étais tellement en colère ! Mlle Petrovna a l'air si gentille… Elle ne mérite pas d'être traitée ainsi. Je suis sûre que je les aurais aimées, moi, les musiques de sa liste ! Malheureusement, comme j'ai été bien élevée, je ne lui ai rien fait avaler, à la mère Tribarnek. Au lieu de ça, je me suis rassise sur le banc et remise en position de travail, la règle sur le dos de ma main en équilibre.

Parfois, je me dis que mes parents m'ont gâché la vie en m'éduquant aussi bien. J'aurais pu devenir une vraie révolutionnaire si on ne m'avait pas appris à ne pas mettre les coudes sur la table quand on mange. Mais je sens bien qu'un jour tout ce beau vernis craquera.

Et alors là, foi de Nina Mouche, il y aura des dégâts !

États d'âme

Journal de Lucille

Mercredi 17 septembre

Cet après-midi, le temps était absolument magnifique. Grand soleil, ciel bleu et sans nuages : on se serait cru en été ! Bon, c'est vrai qu'officiellement on est toujours en été, mais pour moi, été = vacances. Dès qu'on retourne à l'école, j'ai l'impression qu'il est fini. D'ailleurs, d'habitude, il pleut souvent à cette période. Mais aujourd'hui, on était tous en tee-shirt, et à Oléron, je suis sûre que les gens se baignaient. Manque de chance, la mer est loin, et il a fallu se contenter d'une balade dans le parc. Dès que Nina est sortie de sa séance quotidienne de piano (je ne l'ai jamais vue travailler autant !), on a retrouvé Clément derrière l'aile gauche du manoir. Il était en train de lire une BD.

– Au fait, t'as terminé le livre de Lapautre pour demain ? me suis-je enquise.

– Non, a-t-il répondu, mais je le finirai après notre balade.

– Tu n'as pas entraînement de rugby ?

– Non, non, il… il est annulé. L'entraîneur a un truc à faire avec les troisièmes.

– Super ! s'est alors exclamée Nina, on va pouvoir discuter tranquillement du plan « il faut sauver Lucille » ! On pourrait retourner en haut de la colline.

Mais Clément avait une autre idée.

– Le parc est immense, je suis sûr qu'il y a plein d'autres endroits à découvrir.

On s'est engagés sur un petit chemin qui partait dans la forêt à l'arrière du bâtiment. Sans perdre une seconde,

Nina a repris la parole pour se plaindre de l'horrible Mme Tribarnek, qui lui en fait voir de toutes les couleurs. Pendant qu'on marchait sous les arbres, elle est revenue sur la scène à laquelle elle avait assisté la veille. Elle nous en avait déjà touché deux mots au repas, mais, comme on avait des maths à finir, on n'avait pas eu le temps d'évoquer tous les aspects de la question.

– Cette vieille peau de bique, elle n'écoute personne. Même pas Mlle Petrovna, qui a pourtant dansé sur les plus grandes scènes, d'après ce que nous a dit Annabelle.

Nina avait les joues rouges et la mine guerrière. Elle allait passer l'après-midi à maudire sa prof de piano si on ne l'arrêtait pas. Or, moi, j'avais envie qu'on parle d'autre chose. De mon problème, plus précisément, mais je n'osais pas. Heureusement, Clément était là et, sans ménagement, il a interrompu Nina.

– Je croyais qu'on devait « sauver » Lucille.

Nina l'a regardé comme si elle tombait d'un nuage et s'est exclamée :

– Oh ! c'est vrai ! J'avais oublié… mais il faut dire que cette sorcière de Tribarnek…

– Nina ! a grondé notre frère.

– Heu, pardon ! Promis, juré, j'en parle plus !

On était arrivés près d'un ruisseau qui bondissait d'une pierre à l'autre. Il y avait des fougères tout autour et des fleurs violettes et roses entre les cailloux. C'était beau ! Quelques gros rochers un peu en hauteur étaient recouverts de mousse.

– Et si on s'installait ici ? ai-je proposé.

Ils ont accepté tout de suite et, enfin, on a commencé à se soucier de mon problème.

– Il faut aller voir Mlle Petrovna, a affirmé Nina. Elle a l'air très gentille, je suis sûre qu'elle comprendra.

Clément a tempéré son enthousiasme.

– Qu'elle comprenne, peut-être, mais si elle se fait bouffer comme ça par ta prof de piano, je doute qu'elle puisse faire quelque chose pour Lucille.

– En plus, quand j'ai passé l'examen dentrée, j'ai été nulle !

– Il faut qu'elle te donne une autre chance ! C'est pas compliqué, quand même !

Soudain, à l'idée de repasser ce test, mes jambes sont devenues toutes molles, comme du coton. Je me suis imaginée danser sous le regard bleu de Mlle Petrovna. Je savais très bien que, même si elle avait l'air très gentille, elle remarquerait mes défauts. Dans mon école, avant de venir à Castelroc, tout le monde se connaissait et on passait d'un niveau à l'autre quand on était prêt. Sans examen.

– Je ne crois pas que je pourrais danser devant elle, ai-je lancé alors que Clément et Nina débattaient pour savoir qui pouvait prendre la décision de m'accepter en classe de danse.

Il y a eu un silence, puis Nina a levé les yeux au ciel et s'est écriée en détachant les syllabes :

– N'im-por-te-quoi !

– Je suis trop nulle, ai-je gémi.

– N'im-por-te-quoi ! a-t-elle répété.

– Je ne suis pas au niveau. T'as entendu Charlène ? Elle a fait des stages avec des danseurs étoiles !

– N'im-por-te-quoi ! N'im-por-te-quoi ! N'im-por-te-quoi ! a chantonné Nina en secouant la tête.

Puis elle a pris mes mains et elle m'a dit :

– Charlène, c'est une grenouille qui veut se faire aussi grosse qu'un œuf !

– Qu'un bœuf, ai-je corrigé machinalement. Un œuf, c'est petit.

– Si tu veux, c'est un détail. Ce qui compte, c'est que tu danses très bien !

J'ai rien dit, de peur qu'elle laisse tout tomber. Et en même temps, je n'avais qu'une envie : qu'elle laisse tout tomber ! Je n'y comprends rien moi-même.

Finalement, et comme d'habitude, Nina n'a écouté personne. Elle a décidé de parler à Mlle Petrovna et je sais qu'elle le fera. J'en tremble déjà. Et si elle acceptait de me refaire passer une audition ? Clément lui, n'y croit pas une seconde. J'en tremble aussi. Et si elle refusait de me donner une seconde chance ? Aïe, aïe, aïe, j'ai mal à la tête…

Promenons-nous dans le bois...

L'après-midi touchait à sa fin quand le trio se décida à prendre le chemin du retour. Clément entraîna ses sœurs dans un grand détour pour ne pas avoir à passer devant le terrain de sport où son équipe jouait. Il avait prétexté s'être froissé un muscle du mollet afin d'échapper à l'entraînement. C'est Lucille qui lui avait donné cette idée l'autre jour en le pensant malade. Quand elle avait dit ça, l'excuse lui avait semblé géniale et exploitable pendant très longtemps : un claquage durait bien plusieurs semaines, puis il pourrait avoir une angine et pourquoi pas un mal de dos...

Autant de bonnes raisons de ne pas aller se faire malmener par ses brutes d'équipiers sans perdre la face ! Bien sûr, cela requérait de faire attention et de ne pas sautiller partout devant eux alors qu'il était censé être blessé. Ce n'était qu'une maigre contrainte cependant ; au fond des bois, il pouvait bien faire ce qu'il voulait !

– Écoutez ! lança soudain Nina. On dirait un coucou.

Ils s'arrêtèrent pour écouter.

– Mais non, la contredit sa sœur, le coucou, par définition, fait « coucou » ! Là, ça fait « rourou », ce doit être une tourterelle.

– Une tourterelle ? Dans les bois ? lâcha Clément d'un ton moqueur. N'importe quoi !

– Et pourquoi donc, s'il te plaît ? répliqua Lucille. Depuis quand es-tu devenu un spécialiste en ornithologie ?

Les grands mots, c'était une de ses armes préférées. Elle avait toujours été première en français et possédait un vocabulaire nettement plus étendu que ses frère et sœur. À l'occasion, quand le besoin se faisait sentir, elle n'hésitait pas à s'en servir. Clément ne se laissa pas impressionner pour autant.

– Inutile de monter sur tes grands chevaux ! Je ne suis peut-être pas un spécialiste en machintologie, mais je sais que les tourterelles ne chantent pas dans les bois. Elles sont comme les pigeons, elles vivent en ville.

– Chut ! Taisez-vous donc, intervint Nina exaspérée. Si on parvient à repérer l'oiseau, on verra bien qui a raison.

Tous trois firent silence, mais le coucou – ou la tourterelle – semblait s'être tu. Nina ouvrait déjà la bouche pour accuser Lucille et Clément d'avoir fait fuir le volatile quand soudain le bruit à l'origine de toute cette discussion se fit entendre à nouveau. Sauf que, cette fois, cela ne ressemblait plus autant à un cri d'oiseau.

– Je crois que ta tourterelle est enrouée, se moqua Clément.

Lucille haussa les épaules d'un air boudeur.

– C'est une sonnerie de téléphone, chuchota Nina.

– Tu as raison, confirma son frère sur le même ton, mais comment est-ce possible ? Les portables sont interdits à

Castelroc, et le parc est entièrement clôturé. Personne d'extérieur au collège ne peut y entrer.

– C'est peut-être un prof ? suggéra Nina.

D'un commun accord, ils décidèrent d'aller le découvrir par eux-mêmes. L'individu avait décroché et devait parler à voix basse car ils ne l'entendaient pas, mais ils avaient eu le temps de repérer l'endroit d'où venait la sonnerie. Ils descendirent la butte sur laquelle ils se trouvaient en cherchant des branches pour se raccrocher. Le propriétaire du téléphone était sorti du chemin pour s'enfoncer dans le bois. Étrange…

Ils perçurent bientôt un murmure, mais impossible de rien voir ! La personne était cachée par le tronc d'un vieux chêne.

Ils n'étaient plus qu'à une vingtaine de mètres quand, soudain, la branche à laquelle se tenait Nina craqua. Elle battit des bras pour attraper une autre prise, mais n'en trouva aucune, poussa un cri et, emportée par la pente, finit sa descente sur les fesses.

Un cri de surprise et de peur mêlées fit écho au sien. Quand Nina releva la tête, grimaçant, elle découvrit une fille de son âge qui s'accrochait à son téléphone comme si sa vie en dépendait.

– Salut ! lança Nina comme s'il était normal de débouler ainsi aux pieds des gens.

– Yasmina ! s'écria Lucille en reconnaissant leur camarade de chambre. Mais qu'est-ce que tu fais ici ?

Les premiers instants de stupeur passés, Yasmina dissimula prestement son portable dans une poche et fixa les triplés en croisant les bras.

– La même chose que vous ! Je me promène. Pourquoi cette question, tu fais partie de la police ?

Lucille piqua un fard sans oser répondre.

– Non, la défendit Nina tout en se relevant, mais c'est dommage, car j'ai l'impression que tu ne respectes pas le règlement.

Yasmina s'agita et détourna les yeux.

– Je ne vois pas ce que tu veux dire.

– On n'est pas sourds, intervint Clément, on a entendu la sonnerie de ton téléphone.

– Et moi qui ai été la plus rapide, se vanta Nina, j'ai eu le temps de te voir le ranger dans ta poche.

– C'est vrai que tu es une véritable fusée, répliqua son frère. Il n'y a que l'atterrissage qui est à revoir !

Comme il se mettait à pouffer, sa sœur lui décocha un coup de coude et poursuivit :

– Tu sais que les portables sont interdits. M. Lamarre a été très clair là-dessus et si Panetski l'apprend, je ne voudrais pas être à ta place !

Derrière ses grosses lunettes, le regard de Yasmina s'emplit d'angoisse.

– Vous… vous n'allez pas lui dire, hein ? Je vous donnerai tout ce que vous voulez mais surtout, ne dites rien, je vous en supplie !

Interloquée de voir à quel point cette idée semblait la paniquer, Lucille s'empressa de la rassurer.

– Bien sûr que non, on ne va rien dire.

– Et on ne veut rien en échange, merci bien, on n'est pas comme ça.

– Mais tu ferais mieux de ne plus utiliser ce téléphone, conseilla Clément. Si tu te fais de nouveau surprendre, la prochaine personne ne sera peut-être pas aussi sympa que nous !

La bouche de Yasmina se tordit comme si elle allait se mettre à pleurer.

– Je ne peux pas, gémit-elle, mon… mon…

Elle étouffa un sanglot avant de prendre une profonde inspiration et de se lancer :

– Mon grand-père est très malade. C'est le seul moyen que j'ai d'avoir de ses nouvelles.

Les yeux de Nina s'agrandirent tandis que ceux de Lucille s'emplissaient de compassion.

– Pourquoi n'utilises-tu pas le téléphone de la pension ? interrogea la première.

– On n'a le droit de s'en servir que le dimanche, répondit Yasmina.

– Mais ce sont des circonstances exceptionnelles ! s'exclama Clément. Tu pourrais te faire appeler tous les jours si le directeur était au courant !

Yasmina baissa la tête et son visage disparut derrière ses cheveux épais.

– Vous ne comprenez pas. Je ne peux rien dire.

Les triplés échangèrent un regard. Effectivement, ils ne comprenaient pas.

À ce moment-là, le téléphone se remit à sonner. Yasmina releva la tête et eut une mimique expressive.

– Désolée, il faut que je réponde. Le réseau n'est pas génial ici, alors on est souvent coupés. Il faut que j'en profite quand ça passe…

– Pas de souci, tu peux répondre, dit Nina avec un grand sourire.

Le visage de Yasmina se crispa jusqu'à ce que Lucille prenne son frère et sa sœur par le bras pour les entraîner plus loin.

– Je crois qu'elle veut qu'on la laisse seule, chuchota-t-elle avant de se retourner vers Yasmina et de lancer : tous nos vœux de bon rétablissement au malade !

Yasmina se détendit et Lucille eut droit à un semblant de sourire.

– Merci, dit-elle, merci pour tout.

Puis elle se détourna pour répondre.

Les triplés s'éloignèrent et retrouvèrent le chemin. Ils marchèrent quelques instants sans rien dire, plongés dans leurs pensées, jusqu'à ce que Clément soupire :

– En tout cas, j'avais bien raison.

– À quel propos ? s'enquit Nina.

– Il n'y a pas plus de tourterelles dans ce bois qu'il n'y a d'eau dans le désert.

– Il y a de l'eau dans le désert, affirma Lucille d'une voix calme.

– Ah non ! Ça ne va pas recommencer ! s'écria Nina. Vous êtes vraiment impossibles !

– Pour une fois que ce n'est pas toi qui parles tout le temps, rétorqua son frère.

– Moi ? Bavarde ? C'est la meilleure ! Si on minutait le temps de parole de chacun d'entre nous, la vérité éclaterait au grand jour !

Bien sûr, Lucille eut quelque chose à répliquer et c'est ainsi que, moitié riant, moitié se chamaillant, le trio rejoignit la pension juste à l'heure pour le dîner.

Catastrophes en cascade

Journal de Nina

Vendredi 19 septembre

Ouf ! la journée est finie ! Pas trop tôt. Vivement que je me couche !

Il y a des fois comme ça où on se demande pourquoi on s'est levé. J'aurais évité beaucoup d'ennuis en restant bien tranquille au fond de mon lit. Malheureusement, on ne peut pas deviner l'avenir à l'avance et, comme j'ai souvent le sentiment en me réveillant que je vais vivre plein d'aventures supercosmiques, je suis toujours la première à sauter du lit. Ce matin, c'était comme d'hab' : les trois autres soulevaient vaguement une paupière que je chantais déjà sous la douche. Lucille est ensuite venue frapper à la porte alors que je hurlais dans le micro (mon gel douche) le dernier tube des White Cherries, mon groupe de rock préféré.

– Dépêche ! a-t-elle crié. Ça fait vingt minutes que tu nous casses les oreilles !

En fait, ça faisait plutôt vingt-cinq minutes, mais je n'ai pas jugé bon de la corriger. Au lieu de ça, j'ai hurlé à mon tour, avec une parfaite mauvaise foi :

– Tu plaisantes, je viens juste de commencer !

Comme Charlène râlait elle aussi, je me suis dépêchée d'attraper mon shampoing. Et là, première surprise : la bouteille était vide ! J'ai eu beau supplier, personne n'a voulu me passer mon flacon neuf ! Alors je n'ai pas eu le choix : j'ai bien été obligée de sortir. Sauf que le temps que je prenne le shampoing dans mon armoire, vlan, la porte de la douche s'était refermée sur Charlène. Après ça, ni Lucille ni Yasmina n'ont voulu me laisser passer. Soi-disant que sinon elles seraient en retard. Et moi alors ? Tout le monde s'en fiche ! Ah ! j'ai bien regretté ma grandeur d'âme de mercredi dernier, quand Yasmina était prête à nous donner n'importe quoi pour qu'on ne dise rien au sujet de son portable. Si j'avais su, je lui aurais demandé de me rendre *mon* lit. Enfin, le lit que j'avais choisi en premier, quoi ! Comme ça, je n'aurais pas à traverser la chambre chaque nuit en me cognant les orteils sur les chaussures et les cartables que mes coloc laissent traîner par terre (sauf Lucille bien sûr). Tiens, ça me fait penser que la nuit dernière mon fantôme s'est manifesté un peu différemment. Les grincements métalliques semblaient venir de plus loin. Peut-être s'est-il décidé à hanter une autre chambre ? Entre nous, j'espère que non. C'est que je me suis attachée à lui, moi !

Bref, je me suis donc retrouvée à grelotter en serrant ma serviette autour de moi, les cheveux tout dégoulinants. Évidemment, pour finir, j'étais à la bourre ! Pour ne pas arriver en retard en classe, j'ai dû sauter le petit déjeuner, et ça, c'est jamais bon pour moi. Une Nina le ventre vide n'est qu'une moitié de Nina. En plus, mes cheveux étaient en vrac, parce que je n'avais pas eu le temps, ni de les laver, ni de les sécher. Un épouvantail aurait eu l'air plus chic que moi. Certains (dont je ne citerai pas les noms – je dirai seulement qu'ils commencent par « Ch » pour une fille et « No » pour un garçon) ne se sont pas privés de se moquer. Heureusement, Lucille a eu pitié de moi et m'a fait une tresse à l'intercours.

Et puis là, alors qu'elle me coiffait, nous avons vu Mlle Petrovna traverser le préau, à l'autre bout de la cour, puis disparaître dans l'aile gauche du manoir. C'est dans cette partie que logent les enseignants qui le désirent. Sans même attendre que Lucille attache le bout de ma natte avec un élastique, je suis partie à sa poursuite. L'occasion m'a paru idéale pour lui parler du cas de ma sœur.

– Nina ! a crié Lucille dans mon dos. Qu'est-ce que tu fais encore ?

Je me suis retournée le temps de lui répondre :

– Code rouge ! Code rouge !

Et je me suis remise à courir. Je ne me souvenais pas exactement de ce que voulait dire « code rouge », mais j'avais vu ça dans un film. Le héros hurlait cette expression quand ça urgeait. Ce qui était exactement le cas. Lucille m'a dit de revenir, mais j'ai fait semblant de ne rien entendre. Normalement, l'aile gauche est strictement interdite aux élèves, mais ce n'est pas en se laissant arrêter par un règlement que nous allions résoudre le problème qui nous préoccupait !

Lorsque j'ai poussé le lourd battant en bois de la porte vitrée, j'ai vu devant moi un grand escalier de pierre montant vers les étages. Sur le côté droit, un couloir plein de boiseries s'enfonçait à l'intérieur du bâtiment. J'ai tendu l'oreille et il m'a semblé entendre des bruits venant d'en haut. Alors j'ai grimpé les marches. Sur le mur, il y avait des portraits hyper vieux. Un homme avec des énormes moustaches me faisait les gros yeux. J'ai lu en dessous du tableau qu'il s'agissait de Clotaire de Castelroc, premier baron de Castelroc, et qu'il avait fait « édifier » le manoir en 1720. Comme il ne voulait pas me lâcher du regard, je lui ai tiré la langue, avant de continuer très vite à gravir l'escalier. J'espère que ce n'est pas lui mon fantôme, parce que, sinon, il risque de m'en vouloir.

Au premier palier, un autre couloir, assez sombre, partait sur la droite. Il était vide comme un œuf, mais plusieurs portes étaient visibles. Peut-être l'une d'elles était celle de la chambre de Mlle Petrovna ? Ça m'ennuyait toutefois d'aller la déranger chez elle. J'avais espéré la rejoindre avant. Mais bon, au point où j'en étais… J'ai emprunté le corridor et le parquet s'est mis à grincer. Plus j'avançais, plus j'avais l'impression que le bruit résonnait dans tout ce silence.

Alors j'ai décidé qu'un peu d'encouragement me ferait du bien. Et comme on n'est jamais aussi bien servi que par soi-même (surtout quand on est seul), j'y suis allée franco :

– Vas-y, Nina ! ai-je marmonné, t'es la meilleure ! Tu ne vas pas reculer si près du but, hein ? Ha, ha ! qu'est-ce que tu vas te marrer quand tu raconteras tout ça à Lucille et Clément ! Oui, une bonne partie de rigolade ! Surtout quand…

Et là, j'ai poussé un cri terrible. Un cri à glacer le sang, à ce qu'il paraît. Faut dire que j'avais des excuses : une porte venait de s'ouvrir brusquement juste à côté de moi, et une ombre immense est apparue dans l'encadrement.

– Nina Mouche ? Que faites-vous là ? a vociféré M. Lamarre.

– Kravenidouille ! me suis-je exclamée la main sur le cœur. Vous m'avez fait une de ces peurs !

– Et vous donc ! Vous m'avez glacé le sang avec votre cri. Heureusement que je ne suis pas cardiaque... Et qu'est-ce que ce terme que vous venez d'employer ? Ce n'est pas une grossièreté, j'espère ?

– Kravenidouille ? Oh non, monsieur, c'est juste un mot qu'on a inventé avec mon frère et ma sœur quand on était petits ! Ça m'est revenu comme ça, sous le coup de la peur.

– Kravenidouille... répéta le directeur en levant les yeux au ciel. Enfin, ça n'explique pas ce que vous faites dans l'aile interdite aux élèves plutôt que d'être en cours !

Sa voix était devenue très sèche et je me suis dit que ça allait chauffer pour mon matricule si je ne trouvais pas très vite quelque chose.

Heureusement, une idée de génie m'est venue comme ça, pfou !, sans même que j'aie à chercher !

– L'aile est interdite aux élèves ? ai-je répété en ouvrant grand mes yeux de velours (ça, c'est papa qui le dit). Oups ! j'ai dû me perdre alors ! Je suis passée aux toilettes et, en sortant, je ne savais plus de quel côté aller… c'est difficile quand on est nouvelle de ne pas se perdre, vous savez !

M. Lamarre m'a regardée d'un œil soupçonneux, mais a fini par se laisser convaincre par mon look « chaton perdu ».

Il a ronchonné un peu et m'a dit qu'il n'y avait pas intérêt à ce que cela se reproduise. Il m'a raccompagnée jusqu'à la sortie et s'est assuré que je retournais bien dans la bonne aile. Évidemment, la fin de la récréation avait déjà sonné. Tout le monde avait regagné sa classe. Or, j'ai tellement l'habitude de suivre Lucille que je ne me rappelais plus où était le cours de SVT. Bref, je suis arrivée dix minutes en retard. Derrière ses petites lunettes, M. Panetski m'a épinglée comme un insecte sur une planche (c'est ça le problème, quand on s'appelle Mouche).

– Une mouche égarée ? a-t-il ironisé tandis que j'essayais lamentablement de me justifier.

Mais n'allez pas croire que ça lui a suffi de se payer ma tête. En prime, il m'a collé trois fois le cours à recopier pour la semaine prochaine. Mégagénial, non ?

Bizarre, bizarre...

Journal de Lucille

Dimanche 21 septembre

Je crois que Nina a raison. Il se passe de drôles de choses dans cette pension. Bon, comprenons-nous bien, je ne parle pas des fantômes. Je suis trop raisonnable pour gober ces histoires de revenants. Dans un bâtiment aussi vieux que ce manoir, il est normal d'entendre des sons un peu étranges : des volets qui grincent, du bois qui craque, du métal qui se dilate… Il n'y a là rien de mystérieux. Je me souviens que dans notre ancien appartement, qui était pourtant tout neuf, les radiateurs électriques faisaient toujours plein de bruits quand ils chauffaient ou quand ils refroidissaient. Et plus la maison est grande et vieille, plus ça arrive. Non, je ne parle pas de ça mais du comportement de certaines personnes. En particulier ceux de Yasmina et Clément.

Clément d'abord. Hier matin, je me suis réveillée tôt. J'ai décidé d'aller petit-déjeuner à la cantine et d'attendre mon frère et ma sœur là-bas. Je choisissais ma confiture quand Nolan est arrivé dans la salle. Il a pris son plateau et a commencé à se servir. Puis, comme il faisait la queue derrière moi à la fontaine de jus d'orange, il a dit :

– Tiens ! Il y a au moins un membre de la famille Mouche qui n'est pas feignant.

– Pourquoi tu dis ça ? ai-je répliqué en fronçant les sourcils.

– Parce que ton frère n'est même pas levé !

– Ah bon ? répondis-je, étonnée. Il va être super en retard pour son entraînement de rugby !

Nolan a eu un petit reniflement moqueur.

– Tu parles, il va encore s'inventer un bobo pour ne pas venir, comme mercredi après-midi.

J'allais répliquer qu'il n'avait mal nulle part mercredi, mais je me suis abstenue. Mon petit doigt m'a soufflé qu'il valait mieux ne pas trop confier de choses à Nolan. Je me suis contentée de lui demander s'il pouvait dire à Clément de se dépêcher quand il le verrait parce que je voulais lui parler.

– Pas de problème ! Je ne vais pas tarder à remonter dans la chambre, je n'ai pas de temps à perdre, moi !

D'un mouvement de tête, il a rejeté ses boucles châtains en arrière, et il m'a laissée.

Un quart d'heure plus tard, mon frère est arrivé presque en courant. Il avait les cheveux tout ébouriffés, un jean enfilé à la va-vite et la tête de quelqu'un qui est tombé du lit. Dès qu'il m'a repérée, il m'a rejointe sans même prendre un plateau.

– Qu'est-ce que tu lui as dit ?

– Tu pourrais au moins dire bonjour ! me suis-je exclamée.

– Désolé Lucille, bonjour, mais c'est pressé. Il faut que je sache ce que tu as dit à Nolan.

– Ben rien. En fait, c'est plutôt ce que lui m'a dit qui était surprenant.

Clément a pris un petit air penaud mais a eu l'air soulagé. Il a juste déclaré :

– Je t'expliquerai plus tard… là, il faut que je me sauve.

– Tu ne déjeunes pas ? lui ai-je demandé.

Mais il était déjà sorti en courant.

Je ne l'ai revu que l'après-midi. Il avait vraiment une drôle de tête. Mais il n'a rien voulu me dire, et je n'ai pas insisté. Par moments, quand je ne vais pas bien, Nina ne me lâche pas et veut absolument tout savoir. Ça m'énerve. Il y a des choses dont on n'a pas envie de parler aux autres. Alors je ne voulais surtout pas faire comme elle.

Mais je dois avouer que je la comprends un peu mieux. C'est très agaçant : on sent qu'il y a un problème, on voudrait aider et on ne peut rien faire !

Le cas de Yasmina, ensuite. Ce matin, on a eu droit au coup de fil hebdomadaire des parents. À nouveau, on s'est retrouvés presque en même temps que Yasmina dans la salle du téléphone. J'ai tout de suite remarqué qu'elle était beaucoup plus joyeuse et j'en ai déduit que son grand-père allait mieux. Et en remontant à notre chambre, je lui ai demandé :

– Tu as eu de bonnes nouvelles ? Ton grand-père est guéri ?

Elle s'est retournée vers moi en me fixant comme si j'étais une folle échappée d'un asile.

– Mon grand-père ?

Je me suis dit que l'émotion avait dû la perturber. Mais Clément lui a rappelé notre conversation dans le bois.

– Ben oui, mercredi, tu nous as dit qu'il était malade...

Soudain, une lueur s'est éclairée dans ses yeux et elle est devenue toute rouge.

– Ah oui ! Mon grand-père, bien sûr ! J'avais oublié !

– Tu avais oublié que ton grand-père était malade ? est intervenue Nina, sidérée. Je croyais que tu t'inquiétais tellement pour lui que tu étais prête à enfreindre le règlement pour avoir de ses nouvelles !

– Évidemment que je n'ai pas oublié ! a protesté Yasmina. C'est juste que je l'appelle « Papidou » d'habitude, alors je… Oui, il est guéri ! C'est une très bonne nouvelle ! Il saute comme un cabri dans tout le jardin !

Elle a éclaté de rire pendant qu'on la fixait avec des yeux ronds. Mes grands-pères sont en forme, mais je ne les vois quand même pas « sauter comme des cabris » avec leurs rhumatismes…

Quand elle s'est rendue compte qu'on la dévisageait drôlement, elle a aussitôt cessé de rire et a baissé la tête pour se cacher derrière sa frange. Puis elle a tourné les talons et s'est dépêchée de rejoindre notre chambre.

– Elle est zarbi cette fille, a grommelé Nina, qui lui en veut toujours un peu de lui avoir piqué sa place dans la chambre. Vous croyez pas qu'elle nous raconte des laitues ?

– On dit « raconter des salades », ai-je corrigé.

– En tout cas, elle les aime, les salades, cette fille, s'est moqué Clément.

On a ri, puis j'ai dit :

– Non, je ne crois pas qu'elle racontait des salades, je l'ai entendue parler de son « Papidou » et de sa guérison pendant que tu discutais avec papa et maman.

Nina a haussé les épaules.

– Si tu le dis…

Mais au fond, j'étais bien d'accord avec ma sœur : elle est vraiment bizarre, cette fille !

Petit retour en arrière...

Samedi 20 septembre

Clément monta les marches quatre à quatre. Quand il arriva dans sa chambre, Nolan était déjà parti au stade et Samy, levé aux aurores, devait être enfermé dans un studio de répétition depuis un petit moment. Seule la tête rousse de Léo, dépassant à peine des draps, était là pour l'accueillir.

– Qu'est-ce que tu fais ? demanda-t-il à moitié endormi. Tu es déjà de retour ? Ne me dis pas que tu as déjeuné !

– Pas le temps !

Clément, qui portait encore le haut de son pyjama, était au comble de l'agitation. Par automatisme, il courut vers la petite salle de bains et se brossa les dents. Léo, qui avait senti que la situation était assez inhabituelle pour que cela vaille la peine de s'extraire de sa couette douillette, venait de s'asseoir sur son lit.

– C'est idiot de se brosser les dents si tu n'as pas mangé, claironna-t-il les bras croisés, assez fort pour que son camarade puisse l'entendre à travers la cloison. À notre âge, les garçons ont toujours faim – *dixit* ma mère – à cause de la croissance. Sauf moi, bien sûr, parce que moi, la croissance, elle m'a oublié. Je suis comme qui dirait « l'exception qui confirme la règle ». Toi pas. Tu auras forcément faim d'ici un quart d'heure. Alors tu retourneras à la cantoche, tu mangeras un truc, et après il faudra te relaver les dents. C'est donc une perte de temps de te les laver maintenant. Surtout si tu n'avais déjà pas le temps de manger.

Clément savait bien que dans un quart d'heure il aurait faim. Ce n'était pas difficile à prévoir puisqu'il avait déjà faim ! Mais il ne retournerait pas au réfectoire. En revanche, le petit Léo marquait un point : pour ce qu'il allait faire, se brosser les dents était totalement inutile, voire même contre-productif. Si seulement son haleine pouvait empester suffisamment pour faire tomber raide mort ses adversaires !

Il abrégea donc le brossage. Tant pis pour les trois minutes réglementaires.

Il sortit en trombe de la salle de bains et ouvrit un placard. Au hasard, il piocha un sweat-shirt et l'enfila.

– Tu as oublié de quitter ton pyjama, remarqua Léo, de plus en plus intéressé par le spectacle.

Clément jura.

– Tu n'aurais pas pu me le dire avant ? râla-t-il en tentant d'enlever d'un seul geste sweat et pyjama.

– Eh ! Je ne sais pas ce que tu veux faire, moi ! s'offusqua Léo. Je te signale juste ce que je vois.

– C'est pourtant évident, je me prépare pour l'entraînement.

– L'entraînement de rugby ?

– Ben oui !

Léo lâcha d'un ton suspicieux :

– J'ai rêvé ou je t'ai entendu dire tout à l'heure à Nolan que tu n'irais pas parce que tu avais mal au dos ?

Clément essayait de dégager son pyjama de son sweat-shirt tout enroulés l'un dans l'autre.

– Ça va mieux, marmonna-t-il en abandonnant finalement ses vêtements par terre pour en prendre d'autres dans la penderie.

– Alors, c'est pas une sciatique, conclut Léo d'un ton docte. Ma mère, quand elle a une sciatique, ça dure au moins toute la journée. Peut-être que tu t'étais coincé un disque de vertèbre. Ma mère, le jour du mariage de mon cousin, a dansé le rock avec mon père, on a entendu un « crack » et ça a décoincé son disque. Et toi ?

– Je n'ai pas dansé le rock, mais je vais mieux, un point c'est tout, déclara Clément, exaspéré.

Il avait enfilé un tee-shirt et un haut de survêtement pendant que Léo discourait et était prêt à partir.

– Au fait, je t'ai dit pourquoi je voulais devenir médecin ? lança le petit rouquin en se penchant hors de son lit pour le regarder partir.

Clément grinça des dents. Faisant semblant de n'avoir rien entendu, il tira la porte derrière lui et se mit à courir. Son cœur battait fort, et pas seulement à cause de sa course. Quand Nolan était rentré après son petit déjeuner, il l'avait réveillé en disant que Lucille, qu'il avait croisée à la cantine, était très étonnée qu'il ne soit pas déjà levé pour aller à l'entraînement. Puis, d'un air moqueur, il avait ajouté qu'il avait intérêt à se dépêcher parce qu'elle avait des choses très importantes à lui dire. La panique avait envahi Clément. Il avait eu peur que sa sœur ait raconté à Nolan qu'il allait très bien mercredi dernier. Mais heureusement, elle avait su tenir sa langue. Si ça avait été Nina…

Cependant, il fallait qu'il revoie ses plans. Pour mercredi, il trouverait bien une raison, mais impossible d'utiliser la même excuse deux fois de suite. Maintenant que sa sœur savait qu'il avait prétexté des douleurs pour rater le rugby, il fallait qu'il invente autre chose. Et en attendant, il devait se préparer pour ce maudit entraînement !

Il arriva le dernier dans les vestiaires. La plupart des garçons étaient en train d'enfiler leurs chaussures à crampons. On le salua à peine. À croire qu'il n'était pas digne de jouer avec eux.

– Tiens ? T'es guéri ? lança Nolan.

– Ça va mieux, grommela Clément, la tête penchée sur son sac.

– On a déjà fait plusieurs tours de terrain avec Jules, dit fièrement son camarade.

– Tant…

Clément s'interrompit soudain.

Il avait plongé la main dans son sac pour en ressortir ses chaussures et, à la place, en avait retiré un coffret plat en bois.

– Qu'est-ce c'est ? demanda Nolan, surpris.

Clément rougit et rangea rapidement le coffret.

– Rien, rien du tout !

– Allez ? C'est quoi ? Fais pas le timide.

Maintenant, tous les yeux étaient tournés vers eux.

– C'est rien, je te dis !

Une lueur s'alluma dans l'œil bleu de Nolan.

– Oh, oh ! Je sens qu'on nous fait des cachotteries !

Plus rapide que l'éclair, il tira le sac vers lui et, avant que Clément n'ait pu esquisser le moindre geste, il sortit la boîte et la brandit comme un trophée au-dessus de sa tête.

– Arrête ! Repose ça tout de suite ! T'as pas le droit ! s'écria Clément en se jetant sur lui.

Mais il s'égosillait et se démenait en vain. Nolan était plus grand et plus fort… et il s'amusait beaucoup des efforts de Clément pour récupérer son coffret. Tout comme les autres garçons qui les observaient. En désespoir de cause, Clément lui décocha un coup de pied dans le tibia. Sous la douleur, Nolan baissa le bras mais sans lâcher sa prise. Clément réussit à agripper la boîte, mais celle-ci s'ouvrit, déversant son contenu sur le sol.

Un silence qui sembla interminable à Clément s'abattit dans les vestiaires. Puis un garçon s'écria :

– C'est une boîte à peinture !

– Avec des pinceaux, comme en maternelle !

– Mais c'est un truc de filles…

– Eh, les gars, je savais pas que les triplés Mouche étaient en fait des « triplettes ».

Un éclat de rire généralisé fit écho à cette plaisanterie douteuse.

Pétrifié, Clément n'esquissa pas le moindre geste pour ramasser son nécessaire à peinture. Un premier garçon s'empara d'un tube de gouache et l'envoya à un autre. Bientôt, tout le contenu du coffret passa de main en main. Les rires et les cris étaient si bruyants que l'entraîneur ne tarda pas à faire son apparition.

– Qu'est-ce qui se passe ici ? demanda-t-il de sa voix de stentor.

Le calme revint rapidement et un des garçons désigna Clément en ricanant.

– C'est lui, m'sieur, il a apporté une boîte de peinture à la place de ses crampons.

– C'est vrai ? lâcha M. Tabaillon.

Clément se releva, les oreilles brûlant de honte, et murmura :

– Je ne l'ai pas fait exprès, monsieur. Je… je me suis trompé.

– Ça, je veux bien le croire, répliqua l'entraîneur. Pas facile de jouer avec des pinceaux à la place de chaussures à crampons.

Le commentaire déclencha une explosion de rires ; et Clément aurait voulu disparaître dans un trou de souris. Son regard croisa toutefois celui de Nolan et il constata avec surprise que ce dernier ne riait pas.

– Bon, assez plaisanté, poursuivit le professeur. Ça arrive de se tromper, mais je trouve que toi, dit-il en pointant un doigt accusateur sur Clément, tu ne prends pas le rugby suffisamment au sérieux. Tu as déjà manqué plusieurs entraînements pour des raisons qui ne me semblaient pas très valables. Entre nous, quand on joue au rugby, il faut savoir endurer la souffrance. Si on sortait du terrain à chaque bobo, les matchs s'arrêteraient vite, faute de combattants…

Des rires fusèrent à nouveau, mais l'entraîneur les stoppa net en levant la main :

– C'est vrai pour chacun d'entre vous, gronda-t-il, et rappelez-vous qu'avant toute chose on doit former une équipe unie !

Le rappel de la nécessité de l'union sacrée calma les esprits échauffés. Il permit aussi à Clément de survivre à l'entraînement. Même si les plaquages et les tampons lui parurent toujours aussi brutaux, il savait très bien que cela aurait été bien pire sans l'intervention du « coach ».

Rien, en revanche, ne l'aida à surmonter la honte terrible ressentie dans les vestiaires. Ne sachant qu'en faire, il se résolut à l'enfouir au plus profond de lui.

Chantons sous la pluie !

Journal de Nina
Lundi 22 septembre

Hier, je n'ai pas eu le temps d'écrire. Déjà, il a fait un temps pourri toute la journée : pluie, pluie, pluie… à rendre fous de joie les escargots des environs. Mais je ne suis pas un escargot (ni un vampire) : j'aime le soleil, moi ! La pluie ici, ça veut dire pas de sortie dans le parc. Pourtant, après une semaine de cours et de leçons de musique, un week-end en plein air, c'est pas du luxe. Inspirer et expirer loin de Tribarnek, c'est vraiment nécessaire, croyez-moi ! Rien que de la savoir dans le même bâtiment que moi, je stresse à mort. Je risque à chaque détour de couloir de croiser sa tête de vieille pie et ça m'empêche d'être relax. Il faut dire qu'elle ne perd jamais une occasion de balancer :

– Mouche, j'espère que vous avez travaillé votre gamme de do mineur !

Ou alors, simplement, sans même me regarder :

– Parfaits, les arpèges de ré majeur. Je les veux parfaits !

Ou encore, le pire de tout :

– La règle, Mouche, la règle !

Ça, c'est la phrase qui tue.

Enfin, passons, pluie = ennui, c'est bien connu. Alors, à Castelroc, ils ont fait un effort. Quand il pleut le dimanche, on a droit au cinéma. Autrement dit, projection de film dans la salle de spectacle. Quand on nous l'a annoncé au moment du repas, on était tout excités. Quand je dis « on », je parle des sixièmes, en fait, parce que les plus grands montraient moins d'enthousiasme. Comme Annabelle passait vers nous pour aller chercher de l'eau, je lui ai demandé pourquoi. Elle a haussé les épaules d'un air fataliste.

– Oh, tu sais, chaque année, c'est le même programme : 1er dimanche pluvieux, *Chantons sous la pluie*, 2e dimanche pluvieux, *Les Demoiselles de Rochefort*, 3e dimanche plu…

Là, je l'ai arrêtée :

– Mais pourquoi ?

– Très simple : le programme des animations périscolaires est entre les mains de Mme Tribarnek et elle est convaincue que ces comédies musicales sont essentielles à notre culture. Et qu'il faut les voir bien plus d'une fois pour en comprendre toute la profondeur car ce sont des « chefs-d'œuvre » !

Tribarnek ! Toujours au rendez-vous pour pourrir la vie des honnêtes gens.

Tribarnek, berk, berk, berk !

Tribarnek, tronche de cake !

Tribarnek, berk, berk, berk ! (Finalement, son nom lui va bien…)

Ah ! ça fait du bien ! Je ne m'étais jamais senti une âme de poète, mais je dois avouer qu'elle m'inspire, cette vieille sorcière.

Enfin bref, revenons-en à nos cochons. L'après-midi risquait donc d'être un peu nullos avec ce film (en plus, si c'était pour voir ça, on n'avait pas besoin d'aller au cinéma : il suffisait d'aller pousser la chansonnette dehors vu qu'il pleuvait à torrents). Alors je me suis dit, comme ça, que si le DVD disparaissait (en même temps que tous ceux qui datent du siècle dernier), elle serait bien obligée de nous projeter autre chose, la Tribarnek ! Aussi ai-je pris la direction de la salle de projection après manger, discrètement, mine de rien. Les mains dans les poches, en sifflotant, je me suis approchée. Et puis je me suis arrêtée de siffler. C'est que ça discutait sec dans la salle de projection ! J'ai vite reconnu les voix : Mme Tribarnek (encore !) et Mlle Petrovna.

– Quand même, disait cette dernière, vous avez déjà passé à eux ce film l'an dernier.

– Évidemment ! Et ce sera pareil l'an prochain. Les élèves doivent apprendre la rigueur et la discipline. Ils doivent aspirer à ce niveau d'exigence et de perfection. Les comédies musicales en sont d'excellents exemples. Vous n'oserez pas prétendre le contraire !

– Non, bien sûr que non, a répondu Mlle Petrovna, mais il me semble qu'il y en a d'autres, plus récentes, qui tout autant de qualités présentent.

La Tribarnek a reniflé, méprisante.

– Vous n'auriez pas le toupet de comparer Gene Kelly avec ces petits jeunes qui se trémoussent dans tous les sens ? La classe, l'élégance, le style... Ils ignorent jusqu'à la signification de ces mots.

Pour la première fois, j'entendais la passion dans la voix de Mme Tribarnek. Je n'aurais pas voulu être à la place de cette pauvre Mlle Petrovna ! Elle a d'ailleurs vite compris qu'elle s'était aventurée sur un terrain miné.

– Je ne dis pas que...

– De toute manière, qui êtes-vous pour critiquer mon choix ? l'interrompit la vieille bique. Je suis la responsable des activités périscolaires depuis plus de quinze ans, ce n'est pas une jeunette comme vous, qui est là depuis un an à peine, qui va me dicter ce que je dois faire !

Et j'ai entendu la porte claquer. Et puis le silence.

Au bout d'un petit moment, je me suis décidée à avancer. J'ai toussoté et j'ai tourné au bout du couloir. J'ai découvert Anastasiya Petrovna plantée devant la porte de la salle de projection. Comme pétrifiée depuis que la mère Tribarnek lui a claqué la porte au nez. Quand elle m'a vue, elle s'est tournée vers moi. Elle avait deux taches rouges sur ses joues pâles.

– Bonjour ! ai-je lancé gaiement. Je suis Nina Mouche.

– Ah oui… les triplés !

J'ai souri comme si de rien n'était et je me suis dit que je ne devais pas laisser passer l'occasion. Mlle Petrovna était là, un peu déstabilisée, à ma disposition.

– Ça tombe bien ! Je voulais justement vous parler.

– Ah oui ?

Elle avait l'air surprise.

– Tu ne fais pourtant pas partie de mes élèves, n'est-ce pas ?

C'était une affirmation plus qu'une question.

– Non, mais je dois vous parler de ma sœur, Lucille.

Elle a ouvert grand ses yeux bleus.

– Ta sœur ? Pour quelle raison ?

Je lui ai tout raconté. La passion de Lucille, son trac d'enfer, son chagrin. Mais elle n'a pas compris.

– Je suis désolée, c'est bien triste. Cependant, les classes de danse sont complètes. Je ne peux faire rien. Peut-être le prochain an, si quelqu'un se désiste…

Sauf que Lucille, elle s'en fiche du « prochain an » ! C'est maintenant qu'elle a besoin de danser. Pour le spectacle de Halloween.

J'ai insisté. Je ne suis pas du genre à baisser les bras au premier obstacle. Mais non. Elle n'a rien voulu entendre. Je lui parlais passion, elle me répondait autorisation administrative. L'incompréhension totale quoi ! J'étais hyper déçue. Je ne m'attendais pas à ça de la part de la jolie Mlle Petrovna.

Je suis carrément dèg ! J'hésite à parler de tout ça à ma pauvre sœur.

Mais vous savez quoi ? Il ne faut jamais désespérer ! La vie est pleine de surprises.

La preuve : j'ai juste adoré le film *Chantons sous la pluie* !

« I'm singing in the rain… What a wonderful feeling, I'm happy again ![2] »

---

2. Je chante sous la pluie… quel sentiment merveilleux, je suis à nouveau heureux !

Je n'ai plus envie de danser !

Journal de Lucille

Mardi 23 septembre

Je n'ai plus envie de danser. Je n'ai plus envie de danser. Je n'ai plus envie de danser. Je n'ai plus envie de danser.

Combien de fois va-t-il falloir que je l'écrive pour que ça devienne vrai ? La vie serait tellement plus simple comme ça. Je ne souffrirais plus, Charlène me ficherait la paix et Nina ne se mettrait plus dans des situations impossibles. Elle m'a tout raconté de ses aventures. La fois où elle s'est fait surprendre par le directeur et tout récemment, quand elle a surpris la conversation de Mlle Petrovna avec Mme Tribarnek. Après ce qui s'est passé en cours de SVT cet après-midi, j'ai réussi à lui faire tout avouer. Il faut dire qu'elle cherche les catastrophes. Qui d'autre qu'elle aurait l'idée de passer des messages pendant le cours de M. Panetski ? Ses yeux sont comme des radars. Rien ne lui échappe, et il est si sévère qu'on ose à peine respirer. Mais ce n'est pas ça qui arrête ma folle de sœur ! Pendant le repas déjà, elle nous avait bombardés, Clément et moi, de toutes sortes d'idées plus loufoques les unes que les autres supposées me permettre de rejoindre le cours de danse de Mlle Petrovna. J'ai fini par lui demander pourquoi elle ne faisait pas comme elle l'avait prévu, c'est-à-dire aller voir Mlle Petrovna, mais elle s'est débinée en prétendant que c'était Clément et moi qui avions raison. Ensuite, pendant le cours de SVT, elle se tortillait sur sa chaise. Quand elle réfléchit, elle ne peut jamais rester en place. Je la voyais bien parce que, pour une fois, je n'étais pas assise à côté d'elle mais juste derrière. Elle a attendu que M. Panetski dessine des organismes vivants microscopiques au tableau pour écrire un petit mot. Pas de chance, elle s'est retournée pour me le faire passer au moment précis où lui aussi se retournait. Il l'a fusillée du regard et a tonné :

– Mon cours ne vous intéresse visiblement pas beaucoup, Mlle Mouche.

J'ai vu le dos de Nina se raidir.

– Oh, mais si, monsieur !

– Alors vous allez me faire le plaisir de me dire de quoi est constituée la cellule d'un organisme vivant.

On savait tous que, si on ne pouvait répondre à ses questions, on était bons pour recopier dix fois la leçon du jour. Nina, que cette perspective n'enchantait pas, s'est adossée à sa chaise et a penché légèrement sa tête en arrière. Pour moi, c'était clair comme de l'eau de roche. C'était un signal, et, dans ce cas précis, un vrai SOS. On jouait déjà à ce petit jeu quand on était en primaire.

– Mlle Mouche, j'attends !

Je me suis écrasée sur ma table pour que le prof ne me voie pas. Puis j'ai donné trois petits coups réguliers dans la chaise de ma sœur du bout de ma chaussure. Au quatrième, j'ai commencé à parler :

– Une cellule est composée d'un noyau, d'une membrane et de cytoplasme.

J'avais prononcé la phrase à voix haute et claire. Je savais parfaitement que Nina avait fait semblant d'articuler des mots en même temps que moi. Sauf qu'aucun son n'était sorti de sa bouche. Yasmina m'a jeté un coup d'œil surpris mais n'a pas pipé mot. Clément, à la gauche de Nina, n'a pas bronché. Il avait l'habitude, lui.

M. Panetski a eu l'air perplexe. Malin comme il est, il a senti qu'il y avait quelque chose de bizarre, mais il n'a pas su trouver quoi. Nina et moi avons exactement la même voix. Il a froncé les sourcils et a finalement ordonné :

– Apportez-moi le papier que vous avez dans la main !

Nina hésita, mais elle n'avait pas le choix. Avec réticence elle s'est levée et a déposé sur son bureau le message qu'elle me destinait. J'étais encore plus stressée qu'elle ! Je me demandais bien quelle énormité elle avait pu pondre…

M. Panetski s'est saisi du papier et l'a lu en silence. Il a plissé le front, de plus en plus perplexe, puis il a posé les yeux sur Nina et lui a demandé :

– Vous pouvez m'expliquer ce que cela signifie ?

Nina se tortillait comme un ver de terre. Les mains jointes dans le dos, elle a fini par répondre :

– Oh ! Mais rien de spécial.

M. Panetski l'a de nouveau fusillée du regard et a lu, cette fois à haute voix :

– « On kidnappe C. pour libérer une place ? » Cela me semble au contraire très spécial comme message. Menaçant même. Qui est C. ? Et pourquoi vouloir le kidnapper ?

Nina s'est mise à danser d'un pied sur l'autre. Elle avait l'air d'avoir très chaud ; moi, j'étais gelée ! C., c'était Charlène évidemment, mais Nina ne pouvait pas l'avouer…

– En fait, a-t-elle commencé, c'est que, pendant les vacances de la Toussaint, nos parents veulent qu'on parte faire du bateau quelques jours, mais on ne sait pas où laisser notre chien. Vous comprenez, c'est un énorme saint-bernard, alors la mer, c'est pas trop son truc ; il préfère la montagne, la neige…

– Abrégez ! l'a interrompue Panetski. Qui vouliez-vous kidnapper ?

Nina s'est gratté la tête en répétant :

– Ah oui… Qui je voulais kidnapper… C'est une bonne question, ça…

– Une réponse, Mouche. Immédiatement !

– Eh bien, Caramel, évidemment, a lâché Nina avec assurance. C'est le chien du voisin. Il passe toutes ses vacances au chenil qui, à cause de lui, est complet. Il n'y a donc plus de place pour Bernard.

– Bernard ?

– Oui, notre saint-bernard ! On l'a appelé Bernard pour que ce soit plus simple…

– Vous vous moquez de moi ?

– Oh non, monsieur, je n'oserais pas !

En la voyant, on n'aurait jamais deviné que le seul saint-bernard de notre famille était une énorme peluche rapportée à Mathéo après un séjour à Chamonix. En revanche, ce qui est vrai, c'est qu'il s'appelle bien Bernard ! Moi, j'étais pétrifiée par l'audace de ma sœur. Clément, lui, tressautait sur sa chaise. Il avait un visage impassible, mais je voyais bien qu'il se retenait d'éclater de rire. Pourvu qu'il résiste ! ai-je pensé.

– J'ose espérer que toute cette histoire est une plaisanterie, a déclaré M. Panetski. C'est proprement hallucinant de voir ce que votre cerveau est capable d'élucubrer. C'est très…

Comme il cherchait ses mots, Nina a proposé :

– Médiocre ?

Elle avait un visage angélique ; on lui aurait donné le bon Dieu sans confession.

– Exactement ! a confirmé M. Panetski d'un ton glacial. Je dirais même, totalement indigne d'une élève de Castelroc. Pour méditer sur ce sujet, vous me copierez dix fois la leçon d'aujourd'hui.

J'ai bien vu que Nina avait envie de protester : elle avait quand même su répondre à sa question de cours !

Heureusement, elle s'est retenue, et j'ai pensé que Dieu existait et qu'il avait entendu mes prières.

Après ça, elle m'a donc tout raconté sur ses escapades et les échecs cuisants qui les ont accompagnées. Je lui ai aussitôt dit que c'était assez ! Je n'ose même pas imaginer ce qui se serait passé si le professeur de SVT avait demandé à Clément ou à moi de confirmer ses délires ! Ça aurait été terrible ! Mais autant parler à une mule. La seule solution pour tout arrêter, c'est donc de la convaincre que :

Je n'ai plus envie de danser. Je n'ai plus envie de danser. Je n'ai plus envie de danser. Je n'ai plus envie de danser.

Tour de passe-passe

Mercredi 24 septembre

Le ballon arrivait haut… et vite. Clément était censé l'attraper et le renvoyer à son partenaire, mais il lui parut évident qu'il lui manquait une bonne trentaine de centimètres pour l'intercepter. Il sauta sans conviction.

– Aïe ! s'exclama-t-il.

Le ballon avait heurté et retourné le bout de ses doigts avant de tomber au sol. Il coinça ses deux mains sous ses aisselles en sautillant sur place.

Loin de compatir, Lucas, son binôme, souffla bruyamment et interpella l'entraîneur :

– C'est pas possible, m'sieur ! Il les rate tous !

C'était un peu vrai. Mais il était vrai aussi que Lucas envoyait le ballon ovale de toutes ses forces. Il ne cherchait pas à faire une passe mais plutôt à terrasser Clément. L'exercice était pourtant simple et aurait dû se dérouler sans mal : les deux garçons devaient traverser le terrain en courant et en s'échangeant des balles. Les autres duos y arrivaient d'ailleurs sans problème.

– C'est toi qui lances comme un malade, rétorqua Clément avec hargne, regrettant aussitôt ses paroles.

Lucas réagit au quart de tour.

– Oh, la pauvre fillette, notre petite Clémentine ! Ah, c'est sûr qu'il est plus facile de tenir un pinceau que d'attraper un ballon !

Les rires fusèrent de partout. M. Tabaillon dut siffler deux ou trois fois avant que le calme revienne.

– Bon, ça suffit, Lucas. On a compris. Il me semblait pourtant avoir été clair : on forme une équipe. Je ne veux pas de disputes.

– Mais c'est pas ma faute, m'sieur, il attrape rien. C'est pas des doigts, qu'il a, c'est… des pattes de mouche !

Les rires explosèrent à nouveau et, cette fois, M. Tabaillon ne put retenir un sourire. Puis il se tourna vers Clément avec un air ennuyé.

– Mon garçon, c'est vrai que tu n'en attrapes pas beaucoup. Il faut que tu bouges plus, que tu sois plus mobile et que tu n'aies pas peur du ballon. On dirait parfois que tu l'évites !

Clément ne tenta pas de se défendre. Il voyait bien que l'entraîneur était déçu par ses performances, même s'il avait remis Lucas à sa place. Depuis qu'il avait repris les entraînements, M. Tabaillon criait souvent : « Non Clément ! Pas comme ça ! » Il n'avait pas le niveau technique des autres. En outre ses coéquipiers prenaient un malin plaisir à le mettre en difficulté et ne perdaient pas une occasion de lui asséner une remarque humiliante.

Du coup, il perdait le peu de moyens qu'il avait et ratait tout ce qu'on lui demandait de faire.

– Bon, on change de partenaires et on recommence ! cria l'entraîneur.

– Ouf ! soupira bruyamment Lucas.

Très vite, tout le monde chercha à éviter de se retrouver avec Clément. Le garçon avait un goût amer dans la bouche. C'était terrible de se sentir ainsi mis à l'écart. On aurait cru qu'il avait la peste. C'était d'autant plus dur que Clément n'avait jamais connu une telle situation auparavant. Quand il était en primaire, on se battait plutôt pour être dans son équipe. Bien sûr, il avait remarqué que certains élèves étaient toujours choisis en dernier parce qu'ils étaient un peu enrobés ou parce qu'ils ne couraient pas assez vite, mais il ne s'en souciait pas. Tout à son plaisir d'être sollicité par tous, il ne s'était pas rendu compte que les autres pouvaient souffrir.

Bientôt, il ne resta plus que Nolan et lui. Clément fut à la fois surpris et inquiet. Surpris, car Nolan était l'un des meilleurs joueurs de l'équipe et que d'habitude tous voulaient se mettre avec lui. D'ailleurs, il avait vu plusieurs garçons se diriger vers lui. Ils lui avaient parlé quelques instants puis, bizarrement, étaient repartis à la recherche d'un autre joueur. Mais Clément était aussi inquiet parce que Nolan ne lui avait plus adressé la parole depuis l'affaire des pinceaux dans les vestiaires. Il songea avec frayeur que le fan de Fabien Galthié allait probablement lui faire passer un mauvais quart d'heure. Soudain, une idée horrible lui traversa l'esprit : et si Nolan avait fait exprès de se retrouver avec lui juste pour pouvoir l'humilier ? À cette pensée, l'estomac de Clément se contracta.

– Trois, deux, un, go !

M. Tabaillon donna un coup de sifflet et les échanges reprirent.

Quand le tour de Clément et de Nolan arriva, le premier se préparait déjà à recevoir des boulets lancés à cent à l'heure. Ses doigts lui faisaient encore mal à la suite du dernier envoi de Lucas et il se demanda comment il allait faire pour rattraper le ballon. À son immense surprise, il n'éprouva aucune difficulté. La passe était précise, directe sans être trop forte et, malgré ses doigts douloureux, Clément parvint à se saisir de la balle sans problème. Il se retint de se réjouir trop tôt, pensant que Nolan réservait les coups « vaches » pour un peu plus tard, quand l'entraîneur ne regarderait pas, mais non. Aussi régulier qu'une montre suisse, Nolan lui fit des passes parfaites. Clément n'y comprenait plus rien !

La vengeance est un plat qui se mange brûlant

Journal de Nina

Vendredi 26 septembre

Certains disent que la vengeance est un plat qui se mange froid. Pas avec moi. Moi je le dévore plutôt chaud-brûlant ! Je suis du style « action/réaction ». Pif ! Paf ! Boum ! Et là, malgré ma modestie légendaire, je dois admettre que j'ai pas raté mon coup. Ah, çà non ! Un coup de maître, vraiment ! Ou un coup de grâce. Tout dépend de quel côté on se place. Un sacré coup en tout cas. Je dois dire que je savoure chaque mot. Je m'en délecte, je les croque comme les premières cerises au printemps. Les cerises, ce sont mes fruits préférés. Et pas seulement depuis que je suis fan des White Cherries ! Il paraît que c'est parce que maman en mangeait des cagettes entières quand elle était enceinte de nous. Mais comme Lucille, elle, préfère les kiwis, j'y crois pas trop… Mais là, je m'égare. Alors, au commencement… une chaussette. Une chaussette sale en plus. Hi hi hi !

Mercredi après-midi, Lucille m'a dit qu'elle avait remarqué un truc : le dernier cours de danse finit à 19 heures, mais la salle reste ouverte jusqu'à ce que les dames de ménage passent, généralement vers 20 heures. Cela voulait dire que la pièce était accessible entre-temps. Et soudain, alors qu'elle me suppliait de ne plus rien tenter pour qu'ils la prennent dans le cours de Mlle Petrovna, la voilà qui me demande de l'accompagner le lendemain parce qu'elle avait trop envie de faire quelques entrechats. Je n'ai pas cherché à comprendre. Elle est bizarre Lucille, parfois. Mais elle sait qu'elle peut compter sur moi (surtout pour les bêtises). Alors jeudi soir, on a filé vers la salle de danse. La pièce était vide et, comme prévu, la porte n'était pas verrouillée. Lucille était aux langes (ou aux anges, je ne sais pas…). Elle s'est dépêchée d'enfiler ses chaussons. J'ai repéré un vieux piano dans un coin, à côté du mur de miroirs. Les touches blanches étaient en vrai ivoire, et les noires en ébène. J'ai pianoté un peu. Le son était très différent de celui du piano d'étude de la salle de musique. Plus métallique et plus chaleureux à la fois. Je me suis soudain rendu compte que je n'avais pas joué pour mon plaisir depuis que j'étais arrivée à Castelroc. Le bout de mes doigts s'est mis à me démanger et je les ai laissés faire. Ils ont opté pour des morceaux de ragtime entraînants. Quand j'ai relevé les yeux, j'ai vu le reflet de Lucille dans le miroir. Elle dansait sur ma musique en bondissant comme une gazelle. Elle tournoyait ! Ses longs cheveux bruns attachés en queue-de-cheval s'enroulaient autour d'elle tellement elle allait vite. J'ai toujours aimé regarder ma sœur danser. Elle n'est plus la même quand elle danse. C'est une Lucille plus sauvage, plus vivante qui apparaît.

Puis la porte s'est ouverte. Au début, on n'a rien vu tellement on s'éclatait. Jusqu'à que la personne la referme en la faisant claquer. Là, on s'est arrêtées.

– Qu'est-ce que vous fichez-là ? a crié Charlène d'une voix aigrelette.

– Et toi ? ai-je répliqué. Ton cours est fini que je sache !

– J'ai oublié une jambière. Je revenais la chercher. Mais vous, vous n'avez rien à faire ici. Je vais tout dire.

– Essaye juste, ai-je lâché, et tu verras comme tu seras belle avec un nez dans le plâtre !

– Nina ! est intervenue Lucille.

Puis elle s'est tournée vers Charlène pour plaider notre cause.

– On n'a rien fait de mal. Je dansais juste un peu.

– Ah ouais, avec tes chaussons préhistoriques ! Remarque, ça suffit bien pour ce que tu fais. Tu sais à quoi j'ai pensé quand je t'ai vue danser ? À un hippopotame. La grâce en moins.

Lucille est restée une seconde la bouche ouverte, puis elle s'est caché le visage dans les mains pour pleurer. Sans même récupérer ses chaussures, elle est partie en courant. J'étais furieuse. J'ai marché à grands pas vers Charlène. À côté d'un banc, j'ai vu la jambière qu'elle avait oubliée. Je l'ai ramassée et la lui ai jetée à la figure.

– Tiens, ta chaussette qui pue ! ai-je crié. Et t'as pas intérêt à dire quoi que ce soit à quelqu'un, parce que tu passerais un mauvais quart d'heure, crois-moi !

J'ai laissé là cette chipie pour rattraper ma sœur. Je savais qu'elle serait à ramasser à la petite cuillère. Elle a toujours été hyper sensible dès qu'il est question de sa façon de danser, alors…

Je ne m'étais pas trompée. Il m'a fallu des trésors de patience et de bonnes paroles pour la réconforter. J'en voulais à mort à son altesse. J'aurais aimé qu'on soit des garçons pour régler ça par une bonne bagarre… J'ai bouillonné toute la soirée en cherchant des idées pour lui rabattre son caquet, à cette Charlène ! Rien ne me paraissait à la hauteur de l'offense.

C'est pendant la nuit que j'ai trouvé. Je m'étais levée *exceptionnellement* pour aller aux toilettes et, bien sûr, mon fantôme n'a pas tardé à se manifester. Et vas-y que je couine, que je grince, que je grattouille… Je commence à le connaître par cœur. Mais soudain, j'ai repensé à la trouille de Charlène quand je parle de lui et j'ai su que je tenais notre vengeance. J'ai d'abord remonté mes cheveux au sommet du crâne pour qu'ils retombent dans tous les sens, j'ai colorié quelques-unes de mes dents avec un feutre noir (beurk, mais ça en valait la peine : effet garanti !), j'ai mis un peu de feutre rouge pour faire croire que j'avais du sang sur le visage et j'ai pris mon indispensable lampe torche. J'ai regardé dans le miroir : j'étais super flippante… C'était au poil. Je m'étais déguisée comme ça une fois pour Halloween, et tous mes amis avaient trouvé ça affreusement génial. Charlène n'allait pas tarder à être d'accord avec eux.

Je suis sortie de la salle de bains sans faire de bruit, toutes lumières éteintes. Je me suis approchée de son lit. J'ai fait tomber quelques gouttes d'eau froide sur elle en serrant un gant de toilette humide et, quand elle a fait mine de se réveiller, je lui ai servi la totale : j'ai éclairé mon visage et, en changeant ma voix, j'ai murmuré :

– Tu as été cruelle. Je viens te chercher.

Purée ! L'effet a été franchement au-delà de mes espérances. Elle a hurlé si fort qu'elle a failli me bousiller un tympan ! J'ai aussitôt éteint ma lampe et j'ai profité qu'il faisait tout noir pour sauter rapidos dans mon lit. Avec le gant, j'ai enlevé le feutre (heureusement, ce sont des feutres superlavables) sur mes joues et mes dents, et j'ai ôté le chouchou qui retenait mes cheveux. Le temps que la lumière se fasse dans la chambre, j'étais redevenue normale.

Je vous raconte pas le bazar… La Charlène avait les yeux qui sortaient de leurs orbites. La pauvre, elle hurlait qu'elle avait vu un fantôme, un mort-vivant, un vampire… Bref, un truc horrible. En plus, il voulait l'emmener, et elle ne voulait pas, bien sûr, elle allait mourir de peur. J'ai eu beaucoup de mal à ne pas exploser de rire. Je jouais la fille qui vient de se réveiller et qui ne comprend rien. Lucille m'a envoyé un regard soupçonneux, mais j'ai fait l'innocente. Elle aurait bien été capable de me trouver trop dure !

Il a fallu plus d'une heure pour que son altesse se calme et encore, on a dû laisser la lumière allumée dans la salle de bains…

Alors ce matin, on était un peu crevées, mais, croyez-moi, ça en valait drôlement la peine !

Vent de folie

Journal de Lucille

Vendredi 26 septembre

Oh ! là là ! Il s'en est passé des choses la nuit dernière. Charlène nous a toutes réveillées en hurlant qu'elle avait vu un revenant et qu'il voulait l'enlever. Elle nous a fait une de ces peurs ! Au début, j'ai pensé qu'elle avait fait un cauchemar, mais elle hurlait que non, qu'elle n'avait pas rêvé, qu'elle savait quand même faire la différence entre un rêve et la réalité. Elle était tellement hystérique que je n'ai pas osé insister. Yasmina, elle, n'arrêtait pas de répéter :

– Arrête de hurler comme ça ! Tu vas réveiller tout le monde à un kilomètre à la ronde !

Elle paraissait inquiète, mais pas pour Charlène. D'ailleurs, elle a tout de suite filé dans la salle de bains et s'y est enfermée à double tour avant d'ouvrir le robinet du lavabo à fond. Je me suis levée et j'ai essayé de calmer Charlène. J'étais convaincue qu'elle avait juste fait un cauchemar, sauf que j'ai soudain constaté qu'elle avait des gouttes d'eau sur les cheveux et le visage. J'ai jeté un coup d'œil à Nina et j'ai tout compris. Elle avait beau faire semblant d'être encore à moitié endormie, elle avait un regard malicieux que je ne connais que trop bien : c'est celui qui accompagne ses mauvaises blagues...

Je me suis demandé pendant un instant si je n'étais pas la seule fille sensée dans cette chambre de folles : Charlène était hystérique, Yasmina faisait je ne sais quoi dans la salle de bains, et Nina prenait maintenant un malin plaisir à rajouter de l'huile sur le feu.

– Il y a un fantôme ! affirmait-elle avec conviction. Je vous l'avais bien dit ! Et il va certainement revenir...

– Elle a raison ! Elle a raison ! Je veux partir ! gémissait Charlène.

Là, Yasmina est sortie de la salle de bains et elle a dit d'un ton calme :

– C'est n'importe quoi ces histoires de fantômes. Ça n'existe pas d'abord. En tout cas, j'ai vérifié et il n'y a rien dans la salle de bains.

– Si ça n'existe pas, pourquoi tu as vérifié ? a très justement demandé Nina. De toute façon, tout le monde sait que ce ne sont pas les murs qui arrêtent les fantômes.

– C'est vrai, ça ! Il va revenir ! Il va revenir ! s'est remise à hurler Charlène.

– Ben oui, c'est sûr ! a rétorqué ma jumelle tranquillement.

– Pourquoi tu dis ça ? Hein, pourquoi ?

– C'est normal que les revenants reviennent, non ? C'est un peu leur marque de fabrique…

Alors Charlène s'est mise à sangloter en disant qu'elle voulait rentrer chez elle.

Il m'a fallu un bon moment pour ramener le calme dans la pièce. J'étais à deux doigts d'aller chercher Mlle Petrovna, qui est de surveillance cette semaine, mais j'avais peur qu'elle ne découvre que Nina était impliquée dans cette histoire et qu'elle la punisse. Parce que je ne suis pas idiote. J'ai bien compris que ma sœur avait monté toute cette histoire pour me venger de Charlène. Il faut dire que celle-là avait été infecte avec moi. Mais je ne veux pas régler mes problèmes comme ça. Et j'aimerais bien que Nina arrête de se croire obligée de me protéger tout le temps.

Quoi qu'il en soit, Mlle Petrovna, a fini par être au courant. Charlène lui a parlé cet après-midi pendant son cours de danse. Elle s'est plainte de nous parce qu'on ne la croyait pas, et de Nina parce qu'elle parlait sans arrêt des fantômes. Alors la prof l'a raccompagnée après le cours. Pendant un instant, quand je l'ai vue entrer dans la chambre, j'ai cru qu'elle venait m'annoncer que, finalement, elle voulait bien m'accepter comme élève… Mais je suis vite retombée sur terre. La voix perçante de Charlène a claironné :

– Dites-leur, madame, qu'il faut arrêter de m'embêter !

Mlle Petrovna ne lui a pas obéi. Elle s'est assise sur mon lit et nous a souri.

– Racontez-moi, les filles. Que s'est-il donc passé la dernière nuit ?

– Mais je vous l'ai déjà dit ! a vociféré Charlène. J'ai vu un horrible fantôme !

– Oui, je sais, Charlène, a répondu Mlle Petrovna. Je m'adressais à tes camarades plutôt.

Yasmina n'a pas ouvert la bouche, et moi non plus. Je n'osais pas. Alors, Nina a tout expliqué et a fini en disant :

– Je vous jure que c'est vrai, madame, il y a des fantômes ici. Je les entends chaque nuit. Ils tirent des chaînes et gémissent. C'est terrifiant !

– Pff ! N'importe quoi ! a ronchonné Yasmina en haussant les épaules.

Mlle Petrovna nous a alors rappelé que Castelroc était une très ancienne demeure et qu'entre les tuyauteries et les vieux parquets il était normal d'entendre des bruits.

– Mais je l'ai vu, le fantôme ! s'est énervée Charlène.

– Parfois on croit voir des choses, mais c'est notre imagination qui crée des images. Surtout si on en parle beaucoup. N'est-ce pas, Nina ?

Ma jumelle a pris un air d'innocence outragée.

– Même Annabelle nous a dit que le manoir était hanté !

– Annabelle a dit ça ?

Mlle Petrovna semblait très étonnée. Alors je me suis sentie obligée de rétablir la vérité :

– Elle ne l'a pas vraiment dit, c'est juste qu'en nous montrant la salle de spectacle elle a dit un truc comme : « il se passe des choses effrayantes ici ». Quand on lui a demandé quoi, elle a répondu qu'on le découvrirait par nous-mêmes.

Mlle Petrovna a froncé les sourcils. Puis elle a bien insisté (en regardant Nina droit dans les yeux) sur le fait que les fantômes n'existaient pas. Ensuite, elle est repartie.

Elle est si belle. J'aimerais tant l'avoir comme professeur de danse… Que je suis triste…

Infirmerie et Shakira

Samedi 27 septembre

– C'est pas vrai ! Tu t'es recouché ? Allez debout ! Il faut partir pour l'entraînement !

C'étaient les premières vraies paroles que Nolan lui adressait depuis un bon bout de temps, mais Clément n'était pas en état de s'en réjouir : il se retourna dans son lit en gémissant.

– J'ai mal au ventre. Je ne peux pas y aller.

– Faudrait que tu cherches une nouvelle excuse !

Cette fois pourtant, Clément ne simulait pas. Il avait très mal dormi en pensant à ce qu'il devrait affronter le lendemain matin. À l'idée de se retrouver confronté aux autres membres de l'équipe et à leurs regards méprisants, son estomac se contractait douloureusement. Il avait fait un effort pour aller déjeuner parce que Nolan l'avait réveillé, mais il regrettait amèrement d'avoir avalé ses céréales et son lait. Les aliments semblaient danser la sarabande dans son ventre et menaçaient de prendre le chemin du retour à tout moment.

– Je te jure que c'est vrai ! insista-t-il.

Nolan laissa échapper un soupir exaspéré.

– C'est pas comme ça que tu vas t'en sortir…

Il ne le croyait pas. C'était évident. Il avait compris qu'il avait menti les fois précédentes et pensait qu'il jouait à nouveau la comédie. Comment donc le convaincre du contraire ? Et puis, pourquoi ne le laissait-il pas tranquille ? Après tout, ça ne le concernait en rien. Il aurait dû s'en ficher. Quand Clément lui posa la question, Nolan ne répondit pas et se contenta de hausser les épaules.

Assis sur son lit, Léo suivait avec attention leur échange ; il intervint :

– C'est drôle que tu ne le croies pas. Il y a dix mille raisons de souffrir de maux de ventre, tu sais. Il peut faire une appendicite, quoique dans ce cas-là il devrait également avoir de la fièvre… ou une occlusion intestinale, et là, il devrait être constipé. Tu es constipé au fait ? demanda-t-il avec curiosité à Clément.

Ce dernier, un peu écœuré, resta coi. Léo continua :

– Et tu penses que tu as de la fièvre ? Tu transpires ? T'as froid ?

Le mutisme de son camarade ne le découragea pas. Il poursuivit :

– Bon, ça peut être une indigestion. Tu as pris du rab de dessert, hier soir ?

En repensant aux choux à la crème trop sucrés de la veille, la nausée de Clément s'intensifia et il eut soudain le cœur au bord des lèvres. Bondissant de son lit, il se précipita jusqu'à la salle de bains.

– C’est bon ! Je te crois ! s’écria Nolan en se dépêchant d’atteindre la porte.

Léo eut un grand sourire.

– Indigestion ! déclara-t-il avec une intense satisfaction. Y’a pas à dire, je suis trop fort…

– C’est joli, ici, dit Lucille en regardant autour d’elle.

L’infirmerie de Castelroc se trouvait dans un petit bâtiment attenant au manoir. Les deux pièces qui la constituaient étaient peintes en blanc et bleu, et Mme Hamille, l’infirmière attitrée de la pension, l’avait décorée avec goût et simplicité. Les rideaux habillant les fenêtres lui donnaient un aspect chaleureux. Mme Hamille, une femme bien en chair d’une cinquantaine d’années, était convaincue que ses petits malades avaient besoin de retrouver une atmosphère familiale pour se rétablir.

– Si tu le dis… marmotta Clément.

– Tu es certain de ne pas être contagieux ? demanda Nina en parlant derrière sa main ouverte pour se protéger d'éventuelles attaques microbiennes.

– Je te répète que non ! Ce sont des crampes d'estomac.

– Bon, tant mieux, dit-elle sans ôter sa main.

Les jumelles avaient couru voir leur frère dès qu'elles avaient su. Mme Hamille les avait laissées entrer sans problème et les avait rassurées. Il n'y avait rien de grave.

– Tu vas sortir bientôt alors ? s'enquit Lucille.

– Chais pas… ça fait mal, grommela son frère.

– En tout cas, tu es sacrément grognon, constata Nina. Tu dois avoir aussi des crampes de mauvaise humeur.

– Je voudrais t'y voir, rouspéta Clément.

– Tu veux qu'on prévienne papa et maman ? proposa Lucille gentiment.

– Non, non ! Surtout pas. Ça les inquiéterait pour rien ! Ça va vite passer.

Les deux filles bavardèrent encore quelques minutes, puis elles comprirent que leur frère avait envie de rester seul. Elles mirent son irritabilité sur le compte de la fatigue.

Mais décidément, ce devait être la journée des surprises ! Alors qu'elles poussaient la porte de leur chambre, elles découvrirent Yasmina, hébétée, assise sur son lit.

– Ça va pas ? interrogea Lucille en s'approchant d'elle.

Yasmina ne la regarda même pas. Les yeux dans le vide, elle semblait en état de choc.

– Où est Charlène ? C'est elle qui t'a embêtée ? demanda Nina.

– Charlène est sortie, répondit Yasmina d'un ton monocorde. C'est pour ça que j'ai voulu…

Sa voix se brisa et elle s'interrompit.

– Tu as voulu… tu as voulu quoi ? répéta Nina.

Respirant à fond, Yasmina planta ses yeux pleins de larmes dans ceux de Nina et murmura :

– Shakira…

– Quoi, Shakira ?

Derrière sa frange, Yasmina paraissait perdue. Elle bougea les lèvres sans qu'aucun son ne sorte de sa bouche, puis elle finit par articuler :

– Shakira a disparu.

Des mystères s'éclaircissent

Journal de Nina

Samedi 27 septembre

In-cro-yable ! S'il y avait eu un journal du collège, j'aurais remporté le scoop du siècle.

Vous imaginez un peu ? Lucille et moi, on arrive dans la chambre ce matin, tranquillou, après avoir fait un petit coucou à Clément à l'infirmerie et paf ! Qu'est-ce qu'on apprend ? Que Shakira a disparu ! Une sacrée surprise et même une double surprise ! Déjà, je ne savais pas, moi, que Shakira était dans notre chambre ! Alors apprendre qu'en plus elle avait disparu ! Je vous dis pas, ça secoue drôlement. Bref, j'étais à deux doigts de courir prévenir un prof pour qu'il appelle la police, la gendarmerie ou les pompiers quand Lucille a demandé calmement à Yasmina (c'est elle qui venait de nous annoncer la terrible nouvelle) :

– Shakira, la chanteuse ?

Yasmina l'a fixée comme si elle était devenue folle.

– Bien sûr que non ! Tu te rends compte de ce que tu dis ?

Sans s'énerver (et là je lui lance mon chapeau !), Lucille a poursuivi :

– Mais alors de qui tu parles ?

– De Shakira, mon hamster !

Quoi ! Depuis quand Yasmina avait-elle un hamster dans la chambre ? Le mieux, c'était encore de le lui demander.

– Depuis quand tu as un hamster dans la chambre ?

Yasmina a baissé la tête et ses cheveux l'ont fait disparaître. D'une toute petite voix, elle a répondu :

– Depuis la rentrée, en fait.

– Depuis la rentrée ?

On devait avoir de drôles de têtes parce que Yasmina s'est sentie obligée de se justifier :

– Je n'avais pas le choix. Je ne peux pas vivre sans animaux… Chez moi, j'ai un chien, deux chats, une famille de lapins, deux chèvres naines et un bouc, trois perroquets, treize poissons, une tortue, un couple de…

– Stop ! l'ai-je interrompue. On a compris : tu habites dans un zoo !

Elle a frotté ses deux mains l'une contre l'autre d'un air gêné.

– Pourquoi tu es venue en pension si tu tiens tant à tes animaux ?

Les yeux de Yasmina se sont remplis de larmes.

– Mes parents voulaient que j'aille dans la meilleure école possible. Une école comme Castelroc. Alors voilà… J'ai accepté, mais à deux conditions seulement. La première, c'est que je puisse emmener Shakira avec moi. La deuxième, c'est que j'aie un téléphone portable pour avoir des nouvelles de mes animaux aussi souvent que je le voulais.

– Mais ces deux choses sont interdites ! me suis-je exclamée.

Yasmina a haussé les épaules pour montrer qu'elle s'en fichait bien.

– Alors, l'autre jour, dans le parc... a commencé Lucille.

– J'appelais ma mère pour savoir comment se remettait Papidou.

– Ton grand-père ?

Yasmina a eu un petit rire.

– Non. C'est le bouc nain. Il avait une infection très grave, mais heureusement, le vétérinaire a pu le sauver.

Les mystères s'éclaircissaient ! Pas étonnant que son Papidou saute comme un cabri. Ha ! Ha ! Dire que j'avais imaginé un vieux pépé en train de faire des cabrioles. Mais il restait encore des zones d'ombre...

– J'ai une question : comment tu as fait pour cacher ton hamster depuis la rentrée ? C'est pas gros, mais quand même !

Yasmina a soupiré.

– Ça a été un peu compliqué. Mes parents et moi avions pu visiter Castelroc avant le début des cours. Quand mon père a vu qu'il y avait une fenêtre dans les salles de bains, il a imaginé un système pour que je puisse faire monter et descendre la cage de Shakira avec des poulies. Il travaille dans le bâtiment, alors il bricole plein de choses. Le soir, s'il fait trop froid, je la rentre et la cache dans mon placard. Le problème, c'est qu'elle bouge beaucoup pendant la nuit et qu'elle fait du bruit. Surtout quand elle court dans sa roue.

Elle m'a jeté un rapide coup d'œil et a continué :

– C'est pour ça que je voulais le lit près de la salle de bains.

Je comprenais mieux… et soudain :

– Eh ! Mais c'est elle que j'entends la nuit ! Sa roue qui grince, les couinements… c'est elle, mon fantôme !

Yasmina a hoché la tête d'un air embarrassé.

Cette fois, tout, vraiment tout, s'éclairait ! Dire que moi j'y croyais dur comme fer, à mon revenant. Quelle déception !

Lucille s'est assise à côté de Yasmina.

– Pourquoi tu ne nous as pas parlé de tout ça avant ? On aurait pu t'aider.

Yasmina l'a regardée d'un air bizarre, comme si ma sœur était tout droit arrivée de Jupiter.

– M'aider ? Personne ne m'a jamais aidée. Mes seuls vrais amis, ce sont mes animaux. Les humains, je ne leur fais pas confiance. Ils mentent, ils se moquent, ils sont méchants… Bon, c'est vrai que ça n'a pas été le cas avec vous. Vous n'avez rien dit pour le téléphone. Et c'est pour ça que je vous raconte tout aujourd'hui, d'ailleurs. Et aussi parce que je ne la retrouverai jamais toute seule, et j'ai terriblement peur qu'il lui arrive quelque chose. C'est affreusement dangereux ici, pour un hamster. Vous imaginez si des imbéciles l'attrapent ? Ou si elle sortait dans le parc et se faisait tuer par une bête ? Il doit y avoir des chats ou même des hiboux la nuit. Ils n'en feraient qu'une bouchée, de ma pauvre Shakira !

– T'inquiète ! ai-je dit. On va te la retrouver en moins de trois, ta Shakira !

– Elle veut dire « en moins de deux », m'a corrigée Lucille avant de poursuivre :

– Raconte-nous ce qui s'est passé exactement.

Yasmina raconta. Elle avait voulu profiter qu'il n'y avait personne dans la chambre pour nettoyer la cage de son hamster et, pour lui permettre de se dégourdir les pattes, elle l'avait laissé en liberté dans la salle de bains. Soudain, elle avait entendu Charlène qui passait chercher sa veste. Du coup, elle avait voulu verrouiller la porte, et c'est à ce moment-là qu'elle s'était rendu compte qu'elle était mal fermée. Paniquée, elle avait commencé à chercher Shakira dans la salle de bains, mais le petit animal était déjà parti. Yasmina n'avait pas osé aller voir dans la chambre tant que Charlène y était. Elle avait attendu qu'elle sorte et s'était ensuite mise à quatre pattes pour chercher partout, mais trop tard. Shakira, profitant de l'entrée ou de la sortie de Charlène, avait pris la poudre d'espelette, comme on dit !

Évidemment, nous sommes parties à sa recherche, mais ça, je le raconterai un autre jour ; il s'est passé tellement de choses que je suis é-pui-sée et que je rêve de retrouver mon petit lit.

À la poursuite de Shakira

Journal de Lucille
Samedi 27 septembre

Il était très important qu'on retrouve Shakira avant tout le monde, parce que les animaux sont strictement interdits à Castelroc. Pour être plus efficaces, on a décidé de se séparer. Yasmina est restée à l'étage des filles (en espérant que Shakira n'avait pas osé s'aventurer à celui des garçons !), Nina s'est chargée du premier étage (là où sont les salles de cours), et moi, je me suis occupée du rez-de-chaussée, où se trouvent le réfectoire, le hall d'entrée et les bureaux. Yasmina nous avait fait un portrait-robot de la fugitive : une petite boule de poils beige et blanche, très sensible à ce qu'il paraît. Il ne fallait surtout pas l'effrayer, car sinon on ne parviendrait jamais à mettre la main dessus. Alors on est parties en marchant à pas de loup, chacune sur notre terrain de chasse.

Il y avait pas mal d'allées et venues dans le hall. C'était la fin de la matinée et les élèves se rendaient à leur activité ou en revenaient. J'ai pensé que si Shakira était descendue jusqu'en bas des escaliers, elle ne serait pas restée bien longtemps dans le hall. Elle aurait eu trop peur. J'ai juste espéré qu'elle aurait également eu trop peur de le traverser pour s'enfuir dehors, parce que, là, on n'était pas près de la revoir ! J'ai repoussé cette pensée affreuse et je suis allée faire un tour du côté du réfectoire. Mais les portes étaient fermées à clef. Elles ne rouvriraient qu'à partir de 11 h 30. Il ne me restait plus que la zone des bureaux à explorer. Normalement, on n'est pas autorisé à pénétrer dans cette zone, sauf quand on a des papiers administratifs à donner. J'ai essayé d'imaginer une excuse au cas où je me ferais surprendre, mais mon cerveau était complètement vide. Comme j'ai regretté que Nina ne soit pas là ! Elle aurait eu un million d'idées, elle ! Malgré mon appréhension, j'ai poussé la porte vitrée qui sépare le hall de la zone des bureaux et j'ai avancé dans le couloir. Tout était calme et cela m'a un peu rassurée. Penchée en avant, je scrutais tous les petits coins où cette fugueuse de Shakira aurait pu se cacher.

Au bout du couloir, j'ai stoppé net : droit devant moi, des poils beiges dépassaient de dessous un rideau qui fermait un placard. Mon cœur s'est accéléré et je me suis soudain demandé comment on appelait un hamster. Est-ce qu'il fallait dire « petit, petit… », ou le siffler comme un chien ? Dans le doute, je n'ai rien fait. Je me suis contentée d'avancer le plus silencieusement possible. Heureusement, il ne bougeait pas d'un poil ! Arrivée à quelques centimètres du but, j'ai retenu mon souffle et j'ai décidé d'attraper tout ensemble : le rideau et le hamster. Il serait bien temps après de faire le tri ! Je me suis lancée d'un coup et…

Paf ! Je me suis ramassé un manche à balai sur la tête ! Les poils beiges que je tenais serrés dans la main lui appartenaient ! Je me suis sentie très bête, là, à quatre pattes, avec mon front douloureux et mon balai. Je l'ai vite rangé à sa place derrière le rideau. Il y a des moments comme ça où on est très heureux d'être tout seul. D'ailleurs, je ne l'ai racontée à personne, cette mésaventure. Nina et Clément se seraient moqués…

Après ça, je me suis convaincue que Shakira ne pouvait pas être au rez-de-chaussée. Tous les bureaux étaient verrouillés et, dans mon placard, il n'y avait que des ustensiles pour faire le ménage. Je suis remontée au premier étage et j'ai appelé ma sœur à voix basse. Les portes des salles de cours étaient ouvertes et je ne savais pas du tout où elle pouvait se trouver. Quand elle m'a entendue, elle est sortie dans le couloir.

– Alors ? m'a-t-elle demandé.

J'ai haussé les épaules.

– Rien du tout. Si Shakira est descendue jusqu'au rez-de-chaussée, je crois qu'il n'y a aucune chance de lui remettre la main dessus. Et de ton côté ?

– Rien non plus, mais je n'ai pas fait toutes les classes encore. Je ferme les portes au fur et à…

– Chuuuuut ! l'ai-je brusquement interrompue.

– Ben quoi ? Je ne parle pas fort !

J'ai mis un doigt sur ma bouche et j'ai tendu l'autre main en direction du renfoncement qui abritait une fenêtre derrière Nina. Comprenant enfin, elle s'est retournée lentement. Une petite boule beige et blanche tremblotait dans un coin. Et cette fois, ce n'était pas un balai ! Shakira était toute mignonne. Et visiblement morte de peur. Nina m'a fait comprendre par gestes qu'elle se chargeait de sa capture. Elle s'approchait tout doucement quand soudain une porte a claqué. Tétanisées, on a vu Mlle Petrovna qui sortait de la salle des professeurs, au bout du couloir. Hélas, elle aussi nous avait vues !

– Tiens, les sœurs Mouche. Que faites-vous ici ? Vous ne passez déjà pas de temps assez en classe comme ça ?

Ma langue était comme collée à mon palais. Heureusement, il en fallait plus à Nina pour la rendre muette !

– Je… je… je croyais avoir oublié une feuille, balbutia-t-elle tout en s'approchant de Mlle Petrovna pour que celle-ci n'aperçoive pas Shakira.

– Je comprends ! Bon, écoutez, ça tombe bien que je rencontre vous. Je voulais parler à vous.

– Heu, maintenant ? a demandé Nina d'un air ennuyé.

– Oui, mais ne vous inquiétez pas, ce ne sera pas long !

Je me suis approchée. En passant près de la fenêtre, j'ai jeté un coup d'œil dans le coin. Malheur ! Shakira n'y était plus !

– Je voulais vous dire juste que j'ai parlé à Annabelle. Elle m'a expliqué qu'en fait ce qui allait donner à vous la chair de poule, c'était le spectacle de Halloween qui, chaque année, a lieu à l'école. Elle ne voulait pas effrayer vous et n'a jamais imaginé que vous croiriez l'école hantée.

Ça, je le savais bien, et Nina n'y croyait plus trop. Surtout, on avait des choses plus importantes en tête. Alors on a dit d'une seule voix :

– Ah ! d'accord !

Puis, avec un sourire, on l'a saluée et on a fait demi-tour.

Hélas, on a eu beau chercher partout ensuite, on n'a plus revu Shakira.

Elle court, elle court, Shakira...

Samedi 27 septembre

Clément étant à l'infirmerie, les jumelles se sentaient esseulées. Elles firent une balade dans le parc, mais très vite, elles se lassèrent.

– Ce n'est pas aussi amusant qu'avec Clément ! lâcha Nina en se laissant tomber sur une souche.

– C'est parce qu'il sait nous faire admirer des choses qu'on ne voit jamais sans lui, comme la couleur du feuillage d'un arbre ou un paysage magnifique.

– Je pensais plutôt à sa façon d'imiter ses copains.

– Oh toi, tu penses qu'à la rigolade.

– Et toi, tu te prends trop au sérieux.

Les deux sœurs s'affrontèrent du regard puis Lucille soupira :

– Même là, il nous manque…

– C'est vrai… c'est moins drôle de se chamailler quand on sait qu'il ne sera pas là pour intervenir.

– On rentre ?

– On rentre.

Dans la chambre, l'ambiance n'était guère meilleure. Charlène étant présente, elles ne purent discuter librement avec Yasmina, qui faisait une tête d'enterrement. Nina partit travailler son piano pendant que Lucille se plongeait dans un livre sur la danse classique.

Le soir arriva enfin. Les jumelles se tournèrent vers Yasmina.

– Tu viens manger avec nous ?

– Non merci, bougonna Yasmina. J'ai pas faim.

– Tu as raison, ça ne te fera pas de mal de sauter un repas avec les fesses que tu as, commenta Charlène.

Yasmina réagit à peine, se contentant de tourner la tête vers le mur. Elle pensait trop à Shakira et aux risques qu'elle encourait, seule dans la nature ou dans les couloirs du manoir, pour s'apitoyer sur elle-même. Lucille et Nina, en revanche, furent scandalisées.

– Comment oses-tu dire un truc pareil ? s'emporta Nina.

– Ben quoi ? C'est vrai ! Elle aurait intérêt à perdre quelques kilos. Moi, si je dis ça, c'est pour son bien.

– On n'est pas toutes obligées d'être des fils de fer comme toi ! rétorqua Lucille. Les rondeurs, c'est joli aussi.

Charlène renifla d'un air méprisant.

– Et c'est toi qui dis ça ! Tu manques pas de culot ! Tu sais bien que pour être une bonne danseuse il ne faut pas une once de graisse. Du muscle, rien que du muscle ! D'ailleurs, c'est probablement pour ça que tu n'as pas été retenue.

Lucille rougit et baissa la tête. Les yeux de Nina, en revanche, lancèrent des éclairs. Se tournant vers sa sœur, elle dit :

– Un fil de fer, Charlène ? Tu rigoles ! C'est un filament, un squelette avec un peu de peau étirée dessus. Je suis sûre que quand elle danse, on dirait plutôt qu'elle joue des castagnettes ! C'est pas étonnant que le revenant ne soit pas revenu. Quand il l'a vue, il a eu tellement peur qu'il a dû aller se planquer dans les oubliettes !

Ce fut au tour de Charlène de rougir. Mais dans son cas, ce fut de colère.

– Oh, toi ! Ne la ramène pas, avec ton fantôme ! Mlle Petrovna m'a tout raconté. Il n'y a pas de maison hantée ! Cette peste d'Annabelle a juste dit ça pour nous faire peur.

– Avec des filles comme toi, pas besoin de fantômes pour avoir peur !

Lucille entraîna sa sœur hors de la chambre avant que la situation ne dégénère. Au cours du repas, Nina ne décoléra pas. Elle regrettait amèrement que Mlle Petrovna ait parlé à Charlène. Tant que cette dernière avait craint les fantômes, elle avait fait preuve d'une certaine retenue. Maintenant, elle allait se défouler !

Dimanche 28 septembre

Clément sortit de l'infirmerie en milieu de matinée. Après 24 heures d'observation, Mme Hamille avait conclu qu'il n'avait rien de grave et l'avait autorisé à regagner sa chambre. Le garçon serait bien resté encore quelques jours dans cette jolie chambre où on le dorlotait et où personne ne l'humiliait. Ses sœurs, elles, furent ravies de le retrouver. Avec l'accord de Yasmina – qui les avait rejoints sur la pelouse – elles lui confièrent l'incroyable histoire de Shakira. Clément ne se priva pas de taquiner Nina : dire qu'elle avait pris les couinements de l'animal et les grincements de la roue pour des manifestations surnaturelles ! Pour Yasmina, en revanche, il éprouva de la compassion. Avant, il se moquait pas mal de ce que ressentaient ceux qui ne se mélangeaient pas aux groupes. En fait, il croyait que c'était leur choix. Maintenant, il comprenait que ce n'était que rarement le cas. À midi, ce fut lui qui proposa à Yasmina de venir déjeuner à leur table. Cette fois, bien que stupéfaite qu'un garçon l'invite (même en compagnie de ses sœurs) et un peu embarrassée, elle accepta.

Alors qu'ils mangeaient tranquillement dans le réfectoire, un cri fit soudain sursauter tous les élèves. Un deuxième puis un troisième lui firent écho. Avant que nul n'ait pu réagir, les doubles portes donnant accès aux cuisines s'ouvrirent à toute volée. Une cuisinière aussi haute que large les franchit en courant. Son calot en papier de travers sur la tête, elle criait :

– Une souris ! Il y a une souris dans la cuisine !

À travers les portes qui battaient, les collégiens aperçurent le personnel de cuisine s'agiter, des louches et d'autres ustensiles à la main.

Yasmina bondit.

– Shakira ! s'exclama-t-elle.

Pour elle, il n'y avait pas de doute : la souris en question, c'était son hamster.

À sa suite, les triplés s'approchèrent du lieu où se tenait le grand remue-ménage. Ils étaient à une dizaine de mètres du seuil quand une petite boule de poils beige et blanche jaillit comme un bolide hors de la cuisine. Un vieux cuisinier moustachu et plein d'arthrose l'avait prise en chasse, une passoire à la main.

– Non ! hurla Yasmina. Elle n'est pas dangereuse ! Laissez-la !

Jugeant, à raison, que les paroles ne suffiraient pas à le stopper, elle se jeta sur son chemin. Emporté par son élan, le cuisinier la percuta et tous deux finirent par se raccrocher l'un à l'autre pour ne pas tomber. On aurait presque cru qu'ils valsaient.

Cependant, Shakira filait désormais droit vers la sortie du réfectoire. Alors que les élèves criaient et riaient tout à la fois, Clément réagit au quart de tour. Il partit à fond de train derrière le hamster. En quelques enjambées, il rattrapa Shakira, qui était plus affolée qu'une poule ayant perdu son œuf ! Calculant soigneusement son élan, Clément plongea en avant pour tenter d'arrêter le plus petit rugbyman qu'il avait jamais affronté. En l'occurrence, l'exploit ne consistait pas tant à l'arrêter qu'à ne pas l'écraser lors du plaquage !

Un « oh ! » de surprise monta dans le réfectoire tandis qu'il bondissait, puis le silence se fit. Un bruit mat résonna quand il retomba sur le carrelage. Tout le monde retenait sa respiration.

Enfin, Clément se releva en tenant Shakira qui gigotait entre ses doigts, et des « vivats » explosèrent dans la grande salle. Les élèves tapaient sur les verres et les assiettes avec des couverts et sur le sol avec leurs pieds. Le tintamarre était assourdissant.

Yasmina pleura de soulagement en retrouvant son petit animal.

Un sourire jusqu'aux oreilles, Nina dit à Lucille :

– Si seulement tous les repas pouvaient être comme ça, qu'est-ce que ce serait chouette !

Lucille acquiesça, mais une certaine tristesse demeurait au fond de ses grands yeux sombres. Nina comprit alors que sa sœur souffrait toujours de ne pas pouvoir danser. Une vague de culpabilité l'envahit. Elle avait promis à sa jumelle qu'elle trouverait une solution, et, pour l'instant, elle n'avait pas tenu parole. Il faut dire que ces derniers temps ce problème lui était un peu sorti de la tête. Mais cela allait changer ! Elle chercherait et elle trouverait ! Parole de Nina !

La Grande Vadrouille

Journal de Nina

Dimanche 28 septembre

Eurêka ! J'ai trouvé !

Mais il est trop tard pour tout raconter. J'écrirai demain.

Lundi 29 septembre

L'idée m'est venue tout bêtement, sans que je m'y attende. En fait, c'est en regardant un vieux film,

La Grande Vadrouille, à la télé. (Le dimanche soir, à Castelroc, on a le droit de regarder la télé. On ne choisit pas le programme, mais bon, c'est déjà ça.)

Ce film est trop drôle ! Ça se passe pendant la Seconde Guerre mondiale et ça raconte l'histoire de deux Français, très différents, qui vont aider des aviateurs anglais, tombés en parachute sur Paris. À un moment donné, ils se retrouvent coincés dans un hôtel avec des soldats allemands et c'est à mourir de rire. C'est là que j'ai pensé que je pourrais utiliser la même idée que Bourvil (l'un des acteurs) pour aider ma sœur. Je voulais lui en parler, mais j'ai eu peur de lui donner de faux espoirs. Et puis j'avais besoin d'être sûre que Clément serait d'accord.

Je suis donc allée voir mon frère à la sortie des cours. Il était seul. Ça tombait bien ! J'avais besoin d'un peu d'intimité. Pendant que je m'approchais, je me suis dit qu'il était en fait souvent tout seul. C'est bizarre. Avant, à Paris comme à Oléron, il était toujours entouré d'un tas d'amis. La plupart du temps, c'était ses copains de l'équipe de rugby. Parfois même, on n'arrivait pas à lui parler.

Il roulait des mécaniques et il nous envoyait promener. C'est drôle comme les gens changent…

Lorsqu'il m'a vue arriver, il m'a fait un signe de la main. Il avait l'air content. Mais alors que je lui expliquais mon plan, il s'est écrié :

– T'es complètement folle ! On est dans la vie réelle, là, pas dans un film !

Ça, je le savais, je ne suis pas idiote et j'étais convaincue que ça pouvait marcher, mais il a continué en disant que, dans la vie, les histoires ne se terminaient pas toujours bien. Ça aussi, c'était bizarre. On aurait dit un adulte. Et puis il avait une drôle de tête. Je lui ai demandé s'il était de nouveau malade. Ça l'a mis en colère : non, il n'était pas une petite nature, j'imaginais n'importe quoi. Son ton m'a fait de la peine. En plus, il y avait quelque chose dans ses yeux qui m'empêchait de le croire vraiment. En fait, il avait le même regard que Lucille au réfectoire hier. Je ne comprends rien du tout. D'habitude, ses yeux bleus pétillent et là, ils sont comme éteints. Je commence à me demander s'il ne nous cache pas un truc. J'aurais bien envie d'en toucher deux mots à Lucille, mais je la connais, elle va en faire une montagne ! Quel dommage que maman ne soit pas là. Elle donne toujours de bons conseils… Bon enfin, on verra plus tard. Un problème à la fois !

Clément a fini par accepter de me donner un coup de main. Il ne croit pas un instant que ça va fonctionner, mais il a dit qu'il le ferait par solidarité familiale. Ouf ! Parce que, sans lui, jamais Lucille n'accepterait (c'est vrai que mon idée, sans être folle, est un peu osée).

Il va donc falloir maintenant que je trouve le bon moment (et le courage) de présenter mon projet à ma sœur.

Autre sujet passionnant : Yasmina.

Après la joie d'avoir retrouvé Shakira, elle a tout de suite été confrontée à de nouveaux problèmes. Évidemment, tout le monde savait désormais que Yasmina avait désobéi à la règle interdisant d'avoir un animal. Dans la chambre, Charlène a poussé des hauts cris quand Yasmina a remis Shakira dans sa cage.

– Jamais je ne dormirai dans une chambre où on élève des souris ! a-t-elle juré. Ça pue, c'est plein de microbes et de puces !

– Tu dis n'importe quoi ! s'est rebellée Yasmina. D'abord c'est un hamster, pas une souris, et elle n'est pas malade.

– Je m'en fiche. Je ne dormirai pas avec une souris.

– Pas de problème, ai-je répliqué. Tu peux aller dormir ailleurs, ça ne nous dérange pas.

Charlène a poussé un cri strident et a dit qu'elle allait se plaindre à la surveillante et qu'ensuite, on donnerait cette fichue bestiole à manger aux chats.

Lucille est alors intervenue pour faire remarquer que Shakira ne dormait pas dans la même chambre que nous, mais dans la salle de bains.

– C'est pareil ! a hurlé sa majesté. C'est dégoûtant de se laver avec un rat !

Finalement, Charlène est allée chercher la surveillante et la pauvre Shakira a dû dormir dehors, sur le rebord de la fenêtre.

Mais le pire était à venir. Ce matin, Yasmina a été retenue après le cours de SVT par Panetski. Lucille et moi l'avons attendue dans le couloir. Quand elle est sortie, elle était toute pâle et elle retenait difficilement ses larmes. Elle devait immédiatement apporter sa cage au prof de SVT, et, en plus, elle est convoquée chez M. Lamarre demain. M. Panetski lui a dit qu'il serait présent et qu'ils décideraient de la sanction à lui infliger pour avoir enfreint le règlement. La pauvre, je ne voudrais pas être à sa place… C'est étrange, il y a quelque temps, je m'en serais bien moquée, mais maintenant que je la connais mieux, ça m'embête pour elle.

La vie est parfois drôlement plus compliquée qu'on ne le croit.

Le plan de Nina

Journal de Lucille

Mardi 30 septembre

J'espère ne pas voir fait une énorme bêtise ! Mais ça a été plus fort que moi ! Et maintenant, je tremble comme une feuille…

Tout s'est enchaîné si vite aujourd'hui ! D'abord, Nina m'a dit qu'il fallait que je la rejoigne dehors, sur les escaliers, après sa leçon de piano. C'était soi-disant « mégassimo-important ».

Alors j'ai obéi. Clément était là, au lieu de rendez-vous, et Nina était comme une pile électrique ! Quand elle m'a expliqué, j'ai compris pourquoi. Oh ! lala ! Comment peut-elle avoir des idées pareilles ?

– Tu es complètement cinglée ! me suis-je exclamée. Ça ne marchera jamais !

– Bien sûr que si ! Il suffit que tu fasses exactement ce que je te dis. Franchement, tu as la partie la plus facile. C'est moi qui devrai convaincre Mlle Petrovna de me suivre. Toi, il te suffit de faire ce que tu fais le mieux. Tu n'as même pas un mot à prononcer.

– Mais j'aurai trop peur… ai-je bredouillé.

– Je serai là, a dit Clément pour me rassurer.

– Même ! ai-je gémi. Vous ne vous rendez pas compte de ce que vous me demandez de faire ! C'est trop risqué ! Si on découvre que c'est monté de toutes pièces, on se fera renvoyer !

Nina a poussé un soupir bruyant en croisant les bras.

– Écoute Lucille, dans la vie, on n'a rien sans rien. Si tu ne prends jamais de risque, tu resteras toujours coincée dans ton train-train. Et puis après, tu viendras pleurer sur mon épaule parce que tu ne peux pas danser !

Quand elle a dit ça, j'ai été blessée. C'était un secret. Elle n'avait pas le droit de l'utiliser comme une arme.

– Ça ne se reproduira plus, ai-je lancé. Et je te ferai remarquer que ce n'est pas moi qui suis venue pleurer sur ton épaule mais que c'est toi qui m'as suivie. Et c'est toi aussi qui t'es engagée à trouver une solution à mon problème. Moi, je ne t'avais rien demandé. Sauf que tu parles toujours sans réfléchir et que maintenant tu es bien embêtée parce que tu n'en as pas, de solution !

– Si ! J'en ai une justement !

– Tu parles ! Une idée farfelue et irréalisable !

– Avant de dire que c'est irréalisable, pourquoi tu n'essaies pas ? Tu as peur ?

– Eh, les filles ! s'est exclamé Clément. Ce n'est pas en vous disputant qu'on réussira. C'est vrai que la proposition est un peu tirée par les cheveux, mais pour l'instant, restons-en là et on en reparle ce soir.

En grommelant, Nina et moi avons acquiescé. Mais moi, je savais bien que je n'accepterais jamais.

Dans l'après-midi, quand Yasmina est rentrée de sa convocation chez le directeur, elle avait les yeux rouges mais semblait moins triste que ce que l'on craignait. Comme Charlène était à son cours de danse, elle a pu tout nous raconter. Au début de l'entretien, M. Lamarre ne parlait pas et M. Panetski a eu des mots très durs. Il disait que la règle, c'est la règle, et qu'on ne pouvait tolérer des écarts. Puis il avait parlé de donner Shakira à la SPA, et Yasmina avait craqué et s'était mise à pleurer. Elle avait expliqué aux deux hommes ce qu'elle nous avait déjà confié. Que ses animaux, c'était toute sa vie. M. Lamarre avait pris la parole, expliquant qu'il ne saurait y avoir d'exception au règlement, mais qu'il n'était pas question de donner Shakira à la SPA. Le hamster devrait repartir avec Yasmina aux vacances de la Toussaint et ne plus revenir. Jusque-là, il avait demandé à M. Panetski de garder la cage dans le laboratoire de SVT. J'aurais bien aimé voir la tête de Panetski ! Enfin, comme punition pour avoir désobéi et terrorisé le personnel de la cantine, Yasmina devrait leur donner un coup de main pour éplucher les légumes.

Yasmina nous a dit que cela ne la dérangeait pas trop. En fait, je crois qu'elle serait prête à faire à manger pour tout le collège si cela lui permettait de garder son hamster !

Et puis, là, Charlène est rentrée de son cours de danse. Yasmina, Nina et moi étions assises sur mon lit en train de rire. J'ai tout de suite vu que cela la contrariait. Elle nous a regardé de toute sa hauteur et d'un air victorieux elle a annoncé :

– J'ai le premier rôle dans le spectacle de danse de Halloween !

Elle a jeté son sac sur son lit et s'est approchée du mien. D'une pichenette, elle a fait tomber mes demi-pointes qui étaient suspendues au mur.

– Tu peux les jeter à la poubelle, ces vieux machins, a-t-elle dit en me fixant avec méchanceté. Tu n'en auras plus besoin.

– Ramasse ça tout de suite ! s'est écriée Nina. Et sache que si ma sœur était dans la troupe, jamais tu n'aurais eu le premier rôle !

Charlène a éclaté de rire.

– Bien sûr, c'est logique, s'est-elle moquée. Elle n'est pas fichue de réussir une audition de rien du tout, mais c'est elle qui aurait décroché le premier rôle ! Arrête ! C'est trop drôle ! Tu devrais devenir clown plus tard !

Sur ce, elle est allée s'enfermer dans la salle de bains.

Il a fallu que je retienne Nina ; elle était prête à défoncer la porte.

Yasmina a dîné avec nous. Clément est devenu son héros depuis qu'il a réussi à attraper Shakira sans l'écrabouiller. Puis elle nous a quittés pour aller la nourrir, et on s'est retrouvés tous les trois.

– C'est d'accord. J'accepte, ai-je dit.

Nina m'a dévisagée, méfiante.

– Tu… tu parles de mon plan ?

– Oui. Je n'en peux plus de cette Charlène qui se croit toujours la meilleure.

Ma sœur s'est mise à battre des mains, ravie.

– Génial ! Qu'est-ce qu'on va se marrer !

J'en étais quant à moi beaucoup moins sûre. Je me suis tournée vers Clément, qui n'avait pas dit grand-chose depuis le début du repas.

– Tu viendras ? Tu le promets, hein ?

– Je viendrai, je te le promets.

Je l'ai regardé attentivement. Il a toujours été plus gentil avec moi qu'avec Nina. On se dispute rarement et je sais que je peux compter sur lui. Je lui ai souri et il m'a retourné mon sourire. Bizarrement, j'ai eu l'impression qu'il se forçait. Il avait un air triste. Pas comme avant.

– Tu as mal à l'estomac ? lui ai-je demandé.

– Mais non, ça va très bien !

Je n'ai pas insisté. J'étais déjà assez préoccupée à l'idée de ce qui m'attendait…

Maintenant, il va falloir que j'assume. J'ai tellement peur… Nina me préviendra quand ce sera le moment idéal (en tout cas, selon elle…). Pourvu que ce soit bientôt, parce que sinon je ne tiendrai jamais !

« C'est pour ce soir ! »

Mercredi 1er octobre, 14 heures

Ces derniers jours, Clément avait passé beaucoup de temps à réfléchir. Sa situation était compliquée. Quand il avait réussi le test pour entrer en rugby-étude, ses parents avaient été très fiers. Et ses sœurs, très impressionnées. D'habitude, c'étaient elles qui faisaient des étincelles. En danse pour Lucille et au piano pour Nina. Tout le monde les admirait et il était difficile pour Clément de se tailler une part de lumière au sein du trio. Alors, pour une fois qu'il faisait quelque chose de remarquable, il n'avait pas envie que cela finisse par un échec.

C'est pourquoi il n'était pas question qu'il avoue quoi que ce soit. Il fallait juste qu'il fasse attention. Ne plus se plaindre, ne plus faire semblant d'être blessé, ne plus parler de ses « vrais » maux de ventre. Parce qu'à force cela leur mettrait la puce à l'oreille. Il fallait qu'il retourne aux entraînements de rugby coûte que coûte.

Un événement lui avait mis du baume au cœur : depuis qu'il avait attrapé le hamster de Yasmina, cette dernière n'arrêtait pas de poser sur lui un regard admiratif. Ses sœurs aussi avaient été épatées. Désormais, quand il était avec les trois filles, il avait l'impression d'être une sorte de héros et c'était bien agréable ! Cela lui avait redonné un peu confiance.

C'est tout de même le cœur battant et l'estomac noué qu'il mit ses crampons dans son sac cet après-midi-là. Comme d'habitude, Nolan était déjà parti au stade. Il n'en avait jamais assez de courir et d'attraper des balles, lui. Léo, assis à son bureau, leva le nez de son livre fétiche, *L'Encyclopédie du corps humain pour les jeunes*, et l'observa.

– Tu es certain que ça va ? Tu es tout pâle !

Clément eut envie de hurler. Combien de fois encore allait-on lui poser ce genre de questions ? Il décida de compter jusqu'à cinq avant de répondre, mais Léo ne lui en laissa pas le temps.

– Tu ne devrais pas sortir. Tu fais peut-être de l'anémie. Tu n'as peut-être pas une bonne alimentation.

Il disait ceci avec une vraie délectation.

– Merci, fit Clément. Je suis content que ça te fasse plaisir.

Léo parut étonné.

– Plaisir ? Oh non ! Je trouve simplement ton cas intéressant.

Super, pensa Clément : pour lui je ne suis qu'un cobaye de laboratoire. Et, jetant son sac de sport sur l'épaule, il sortit de la chambre sans prendre la peine de saluer son camarade.

Les autres joueurs étaient déjà en tenue. Clément avait à peine passé la porte que l'un d'entre eux lança :

– Eh, les gars ! C'est notre chasseur de hamster.

Des éclats de rire explosèrent.

– Un hamster, c'est exactement ce qu'il lui faut comme équipier ! Il ne lancera pas le ballon trop fort, lui ! s'esclaffa Lucas.

– En plus, c'est pratique : quand ils sont morts on peut faire des pinceaux avec leurs poils !

– Ou même quand ils sont vivants !

De nouveaux rires fusèrent de partout.

Clément n'osait plus bouger. Son estomac se crispait. Les nausées revenaient.

Et puis soudain, ce fut le silence. Clément comprit pourquoi en entendant l'entraîneur demander dans son dos :

– Tout va bien ?

– Ouais, m'sieur, répondit Lucas. On rigole, c'est tout.

– Clément ? interrogea M. Tabaillon.

Quel choix avait le garçon ? S'il répétait les sarcasmes des autres, il serait traité de « rapporteur », et les choses ne feraient qu'empirer.

– Oui, tout va bien, monsieur, articula-t-il avec difficulté.

– Bon, alors ne traînez pas. Je veux tout le monde dehors en train de courir autour du terrain. Nolan a déjà fait deux tours. Allez, et que ça saute !

Les élèves se précipitèrent vers la sortie.

Clément s'assit sur un banc. Il venait de comprendre une chose terrible : M. Tabaillon pourrait dire ce qu'il voulait, dès qu'il serait seul avec les joueurs de son équipe, il n'y aurait aucune pitié.

Mercredi 1er octobre, dans la soirée

– C'est ce soir ! a lâché Nina.

– Ce soir ? Déjà ? demanda Lucille, dont le cœur s'était soudainement mis à battre plus vite.

– Oui, Mme Dubuc est tombée malade. Mlle Petrovna la remplace pour la surveillance. C'est une chance en or ! Tu es prête ?

Non, Lucille n'était pas prête. Elle savait toutefois qu'elle ne le serait jamais. Comment pouvait-on être prête quand le plan était d'aller jouer un tour à un professeur au beau milieu de la nuit alors qu'on avait toujours été une élève modèle ? Mais ce n'était pas la peine d'essayer d'expliquer ça à sa jumelle. Rien qu'à la voir, les yeux brillants et les pommettes rosées, on devinait qu'elle était tout excitée à l'idée de ce qui les attendait.

D'ailleurs, elle n'avait pas attendu la réponse de Lucille. Elle avait couru prévenir Clément pour qu'il soit à son poste à l'heure dite. Minuit et quart. Le rendez-vous avait été fixé à minuit et quart. D'après Nina, c'était une bonne heure. Assez romanesque et pas trop tardive. Ils n'auraient pas trop longtemps à attendre. Et puis après minuit, il se passait toujours plein de choses dans les livres…

C'est finalement Lucille qui fut debout en premier. Elle était trop stressée pour dormir ; une boule au ventre, elle avait regardé les aiguilles de son réveil tourner. L'heure approchait. Elle se demanda soudain si elle devait s'habiller. Que faisaient les gens dans ce cas-là ? Elle n'en savait rien. Elle attrapa ses demi-pointes et alla secouer sa sœur avant que son réveil ne sonne. Même si elle avait réglé la sonnerie au minimum, inutile de prendre le risque de réveiller Charlène ou Yasmina.

– Est-ce que je me change ? chuchota Lucille.

Nina hésita une seconde. Elle observa sa sœur qui portait un legging et une tunique bleu pâle et finit par répondre avec assurance :

– Non, dans le film, Bourvil est toujours en pyjama.

– J'espère que Clément est bien là, souffla Lucille…

– Il y sera ! T'inquiète !

Elle avait raison. Comme convenu, Clément les attendait sur le palier du deuxième étage. Ils échangèrent quelques mots, puis Nina les regarda partir dans la semi-obscurité.

Les lieux qu'ils connaissaient si bien pendant la journée étaient très différents de nuit. Les veilleuses des sorties de secours luisaient mais ne dégageaient pas assez de lumière pour chasser les ombres. Impressionnés, Lucille et son frère descendirent les escaliers sans bruit, comme s'ils avaient peur de réveiller des fantômes. Quand ils traversèrent le hall et que Lucille vit le croissant de lune qui brillait au-dessus de la verrière, elle ne put s'empêcher de chercher la main de Clément.

– Merci, chuchota-t-elle.

– De rien, répondit-il sur le même ton. J'espère que ça va marcher…

– Moi aussi.

Le Lac des cygnes

Journal de Nina

Jeudi 2 octobre

Allez, je dois avouer que je n'étais pas super à l'aise quand j'ai dû frapper à la porte de la surveillante. Bien sûr, je ne l'aurais jamais reconnu devant Lucille ou Clément (ou qui que ce soit d'autre d'ailleurs !). C'était quand même sacrément flippant de se retrouver toute seule dans les couloirs à minuit passé. Enfin bon, j'ai serré les dents et j'ai toqué. Une fois, deux fois. Plus fort la troisième.

La voix chantante de Mlle Petrovna m'a enfin répondu qu'elle arrivait.

Quand je l'ai entendue tourner la clé dans la serrure, je me suis soudain demandé quelle tête je devais faire : paniquée ? angoissée ? horrifiée ?

Finalement, j'ai décidé d'avoir l'air un peu les trois à la fois, et dès que la porte s'est ouverte, j'ai lâché ma bombe :

– Venez vite, madame, ma sœur est somnambule !

Mlle Petrovna a été top. Elle ne m'a pas posé trois mille questions. Juste une.

– Où est-elle ? a-t-elle demandé.

– Dans la salle de danse. Je l'ai suivie jusque là-bas, mais comme je ne savais pas quoi faire, je suis revenue chercher de l'aide.

– Tu as bien fait. J'arrive.

Je l'ai regardée enfiler un peignoir en soie blanche sur son pyjama en satin et je me suis dit qu'elle était aussi belle avec ses cheveux blonds décoiffés que lorsqu'elle les portait bien tirés en chignon. Une seconde plus tard, nous marchions dans les couloirs de Castelroc. Elle était top, je vous dis. Pas stressante, pas hystérique. Efficace. Tellement top que j'ai eu un pincement de culpabilité à la tromper. Heureusement, c'était pour la bonne cause…

Au fur et à mesure que nous approchions, mes prières se faisaient plus ferventes pour que mon plan fonctionne. Si ça ratait, j'étais mal. Clément devait surveiller notre arrivée et prévenir (discrètement) Lucille. Mlle Petrovna et moi avons tourné dans le couloir qui menait à la salle et on a entendu la musique du *Lac des cygnes*. Ça ne m'a pas étonnée, Lucille adore ce ballet. Je n'ai pas vu Clément, mais j'ai deviné qu'il lui disait de se préparer. À chacun de nos pas, le niveau de la musique augmentait. Et lorsqu'on a poussé la porte entrouverte, on a découvert Lucille qui dansait.

Ma sœur, je l'ai déjà vue danser plein de fois. J'ai toujours trouvé qu'elle dansait bien et je ne m'attendais pas à être surprise. Pourtant, je dois l'avouer, elle m'a laissée baba ! Dans son pyjama bleu clair, elle semblait aussi légère que les rayons de lune qui traversaient les baies vitrées pour l'éclairer. À côté de moi, Mlle Petrovna ne bougeait pas.

Elle aussi la regardait danser. On est restées sans mot dire, à moitié dissimulées par les portemanteaux, jusqu'à ce que la musique s'arrête. Les pieds de Lucille se sont alors fixés sur le sol et là, je n'ai pas pu m'en empêcher : j'ai applaudi. Quelle gaffe ! Lucille a laissé échapper un petit cri et Mlle Petrovna m'a immédiatement saisi les mains.

– Chut ! a-t-elle dit, il ne faut réveiller jamais un somnambule, ça peut être dangereux.

– Ah, désolée. Alors, qu'est-ce qu'on fait ?

– On doit attendre qu'elle retourne se coucher seule. Nous allons vérifier que tout se passe bien.

– Ah, ai-je répété.

Et là, je me suis dit qu'on risquait d'attendre un certain temps, parce que j'avais complètement oublié de dire à Lucille quoi faire après sa performance !

Pendant un moment que j'ai trouvé super long, Lucille est restée immobile. Elle devait me maudire allègrement.

Je me creusais la tête pour trouver une façon de nous en sortir quand j'ai soudain vu ma sœur prendre la direction de la porte. Mlle Petrovna et moi, on s'est écrasées contre les portemanteaux pour la laisser passer. Elle regardait tout droit devant elle en tendant les bras. Elle faisait drôlement bien la somnambule. Pour un peu, j'y aurais cru. Enfin, une qui y a cru à fond, c'est Mlle Petrovna. On a suivi Lucille en silence à travers les couloirs de Castelroc jusqu'à notre chambre, et attendu qu'elle se recouche, puis Mlle Petrovna a refermé la porte et s'est mise à me bombarder de questions. Est-ce que Lucille avait souvent des crises comme ça ? Depuis combien de temps elle dansait ? Est-ce qu'elle souffrait beaucoup du trac ? J'ai répondu le plus vaguement que je pouvais en bâillant de plus en plus fort. Au bout d'un moment, elle a compris le message et m'a dit de retourner me coucher ; on reparlerait de tout ça demain.

Avant de la quitter, j'ai quand même eu l'audace de lui demander :

– Vous ne trouvez pas que ma sœur danse bien ?

Elle m'a souri et m'a fixée de ses yeux clairs quelques instants avant de répondre.

– Elle danse très bien. Tu avais raison. C'est vraiment dommage qu'elle ne puisse pas continuer.

Alors, j'ai suggéré :

– Vous pourriez peut-être la prendre dans votre cours ?

Mlle Petrovna a levé les yeux au ciel et a déclaré :

– Ce que têtue tu peux être ! Je t'ai dit que la classe était complète. De plus ce n'est pas moi qui décide.

Et elle m'a poussée vers la chambre.

– Assez parlé ! Il est temps de dormir. Demain est un nouveau jour !

J'ai refermé la porte. J'ai couru vers le lit de Lucille. Je voulais qu'elle me raconte comment les choses s'étaient passées pour elle, mais elle dormait déjà !

Du coup, il a fallu que j'attende le lendemain pour tout savoir !

Journal de Lucille

Jeudi 2 octobre

Vrai de vrai : si Clément n'avait pas été là, je me serais enfuie à toutes jambes. C'est bien pour ça que je lui pardonne le tour qu'il m'a joué ! Mais quand même… quel culot ! On s'était pourtant mis d'accord : depuis sa cachette derrière le vieux piano, il devait m'avertir en claquant la langue de l'arrivée de Nina et Mlle Petrovna. Moi, de là où j'étais, je ne risquais pas de les voir, et puis, quand je danse, je ne pense qu'à ça. Tout s'efface autour de moi.

C'est pourtant pas compliqué de claquer la langue ! Clac, c'est tout ! Sûre de lui, je me suis échauffée rapidement, puis il a lancé le CD. *Le Lac des cygnes*, bien sûr. Pour le gala de fin d'année, j'avais dansé sur cette musique. Je me souvenais encore parfaitement de la chorégraphie. Deux jetés, trois petits pas… C'était facile sans public, sans personne pour juger. Il n'y avait que la lune qui brillait à travers les grandes fenêtres. Et la lune, complice, m'offrait un sourire en croissant. Alors j'ai dansé. Pour la lune, pour moi, pour la musique, si belle. Puis celle-ci s'est arrêtée et j'ai commencé à trouver inquiétant que Nina et Mlle Petrovna ne soient pas encore arrivées. Et s'il y avait eu un problème ? Que devais-je faire ? Recommencer ? J'allais demander à Clément ce qu'il en pensait quand j'ai entendu un applaudissement. J'ai crié et j'ai tout de suite compris qu'elles étaient là. Je me suis figée, submergée par l'angoisse et la panique.

Au bout de quelques secondes, le film *La Grande Vadrouille* m'est revenu en tête. Dedans, l'acteur retourne à sa chambre en tendant les bras et en ayant les yeux bien ouverts. C'était simple, alors j'ai fait pareil. Je les ai entendues me suivre jusqu'à la chambre. Étrangement, je me sentais très calme. Moi qui pensais ne pas pouvoir trouver le sommeil, je me suis endormie à peine la tête posée sur l'oreiller, épuisée par les émotions…

Mais bien sûr, si j'avais deviné ce qui allait se passer dans la journée, je pense que je n'aurais pas fermé l'œil de la nuit !

La convocation

Jeudi 2 octobre

Le réveil fut difficile pour les sœurs Mouche. Il fallut toute la persuasion de Yasmina pour qu'elles réussissent enfin à ouvrir les yeux. Puis, brusquement, leurs exploits de la nuit leur revinrent en mémoire et elles bondirent sur leurs pieds.

– Ça alors ! s'exclama leur amie. Vous êtes montées sur le même ressort ou quoi ?

La jeune fille ne pouvait deviner que chacune des jumelles brûlait de savoir comment les choses s'étaient passées pour l'autre. Sauf que, devant Charlène et Yasmina, il n'était pas question de dire quoi que ce soit ! Leur curiosité allait devoir attendre un peu avant de pouvoir être satisfaite…

Ce ne fut qu'à la pause de dix heures qu'elles purent s'isoler. Clément les rejoignit, aussi impatient que ses sœurs de savoir comment elles avaient vécu leur expédition nocturne. Lucille aurait voulu connaître chacune des réactions de Mlle Petrovna quand elle l'avait vue danser. Pourtant, elle n'osait pas demander. Elle avait bien remarqué que sa jumelle n'avait pas la « tête-des-giga-bonnes-nouvelles ». En plus, Nina avait fui son regard. Lucille tremblait intérieurement.

– Alors, vous racontez ? commença Clément.

Nina ouvrit la bouche pour parler, mais Lucille, soudain effrayée par ce qu'elle allait dire, lui coupa la parole.

– Dis-moi d'abord pourquoi tu ne m'as pas prévenue de leur arrivée ! lâcha-t-elle en fixant son frère.

Ce dernier lui sourit avec assurance.

– Parce que tu n'aurais pas aussi bien dansé si tu avais su qu'elles te regardaient.

Lucille ne trouva rien à répliquer. Il avait raison, bien sûr, et ça lui faisait drôle de voir que son frère la connaissait si bien.

– Et pour toi, c'était comment ? demanda alors Nina à sa sœur.

Lucille sentit son cœur plonger. Si sa jumelle lui posait une question plutôt que de raconter ses propres aventures, cela ne signifiait rien de bon…

Les yeux baissés, la jeune danseuse se contenta de quelques mots tout simples :

– Plutôt agréable. C'était sympa de danser à nouveau sur la chorégraphie de l'année dernière.

– Plutôt agréable ? Sympa ? C'est tout ce que ça t'a fait ?

Nina était à la fois déçue et soulagée. Après tout le mal qu'ils s'étaient donné, elle aurait préféré plus d'enthousiasme. Mais vu la réponse de Mlle Petrovna, ce n'était pas plus mal.

Clément, ignorant ce qui se passait dans les têtes de ses sœurs, interrogea à son tour Nina :

– Et toi ? Comment ça s'est passé avec Mlle Petrovna ? Elle a tout gobé ?

Revigorée par le souvenir de la soirée, Nina s'exclama :

– Tout ! Elle a tout gobé ! Mon plan était trop génial ! Tout s'est déroulé comme sur des boulettes !

– On dit « comme sur des roulettes » corrigea Lucille.

– Ouais, si tu veux... roulettes, boulettes, c'est pareil ! Du moment que ça roule...

– Et alors ? Qu'est-ce qu'elle a dit au sujet de Lucille ?

– Ben... heu, commença Nina.

– Pas la peine de tourner autour du pot, murmura Lucille. Elle a dit « non », c'est clair.

– Elle a dit que tu dansais super bien ! lança sa jumelle. Que tu étais vraiment douée...

Elle s'interrompit en se mordant la lèvre inférieure. Quoi qu'elle puisse dire, elle comprenait que rien ne consolerait Lucille.

– Mais elle a dit « non », conclut Clément avec une moue.

– C'est à cause du règlement, expliqua Nina. C'est pas parce qu'elle ne voulait pas prendre Lucille comme élève, bien au contraire…

La sonnerie annonçant la fin de la récréation l'interrompit.

– Je suis désolée, murmura-t-elle à l'oreille de sa sœur alors qu'elles regagnaient le bâtiment. Je suis trop nulle.

– Tu parles parfois un peu trop vite, mais c'est pas grave, tu as fait tout ce que tu as pu.

Le reste de la journée s'écoula lentement pour les Mouche. La déception, s'ajoutant à la fatigue, pesait lourd sur leurs épaules. Mais le pire restait à venir.

Peu avant 17 heures, alors que le cours de mathématiques touchait à sa fin, un surveillant frappa à la porte de la classe.

– Lucille Mouche, tu es convoquée chez le directeur ce soir à 18 h 30.

Quand elle entendit ces paroles, la jeune fille devint pâle comme un linge. Elle échangea un regard avec son frère et sa sœur, et sa propre peur se refléta dans leurs yeux : leur plan avait été découvert !

Pendant l'heure et demie qui suivit, les triplés furent sur des charbons ardents. Nina voulait aller se dénoncer et dire qu'elle était responsable de tout. Lucille s'y opposait fermement, mais tremblait à l'idée d'être renvoyée. Clément la consolait en lui assurant que, finalement, ce ne serait pas si grave. Par solidarité, il s'engageait à partir avec elle.

Le moment tant redouté arriva. Ils se tenaient tous les trois devant la porte du directeur. Lorsque celui-ci cria : « Entrez ! », il fut très surpris de voir Nina et Clément apparaître avec leur sœur.

– Je sais que vous avez l'habitude d'être souvent ensemble, dit-il, mais cette fois, je ne veux voir que Lucille. Et regagnez votre chambre, vous savez bien qu'il est interdit de traîner dans les couloirs ! ajouta-t-il avec autorité.

La mort dans l'âme, le frère et la sœur obéirent. Ils avaient l'horrible impression d'abandonner le membre le plus fragile de leur trio dans la fosse aux lions.

Et en effet, quand la porte se referma derrière elle, Lucille crut que son cœur allait s'arrêter de battre.

– Bonjour, Lucille, dit une voix à l'accent chantant.

Elle tourna la tête vers la droite et découvrit Mlle Petrovna, installée dans le petit coin salon du bureau.

– Viens donc t'asseoir, lui dit-elle en désignant un fauteuil recouvert de velours vert.

Lucille obtempéra comme un automate. Le directeur les rejoignit et l'apprentie somnambule pensa qu'ils y mettaient vraiment les formes pour renvoyer les élèves, à Castelroc !

– J'imagine que ta sœur t'a raconté ce qui s'est passé la nuit dernière, commença le professeur de danse.

Avant même que Lucille n'ait eu le temps de répondre, le directeur enchaîna d'une voix grave :

– Il va falloir qu'on prévienne tes parents, et les autres professeurs également.

Lucille ferma les yeux. C'était la catastrophe totale ! Sa mère allait la pulvériser !

– C'est qu'il faut surveiller ça de près, continua-t-il sur un ton inquiet. Il peut y avoir des conséquences pour ta sécurité.

Sa sécurité ? Là, Lucille était perdue… Constatant son désarroi, Mlle Petrovna dissimula un sourire et renchérit :

– Il faudra en parler au médecin scolaire aussi.

M. Lamarre en rajouta une couche :

– Peut-être même faudra-t-il en informer l'inspecteur d'académie…

– Non… heu… je… enfin, ce n'est pas la peine, bredouilla Lucille, livide.

– Ah bon ? s'exclama le directeur en feignant l'étonnement. Mais si cela se reproduisait, ça pourrait être dangereux !

– Ça ne se reproduira pas, dit Lucille avec précipitation. J'en suis sûre !

– Vraiment, tu en es bien certaine ?

La jeune fille jeta un coup d'œil rapide à Mlle Petrovna et remarqua soudain son air amusé. Peut-être n'était-elle pas, finalement, aussi crédule que Nina l'avait pensé !

– Oui, oui, dit Lucille d'une petite voix. J'en suis vraiment certaine ! Il ne faut pas vous inquiéter…

Le directeur s'adossa sur son fauteuil en mimant un soulagement intense et confirma :

– C'est vrai, après tout, personne ne meurt de somnambulisme ! À moins de sauter du haut d'un toit… mais si tu n'as plus de crise…

– C'est… c'est donc pour ça que vous m'avez convoquée ? demanda-t-elle timidement.

– Oui, mais pas que…

À nouveau, l'inquiétude envahit Lucille. Que lui voulaient-ils donc ?

– Pendant que tu dansais durant cet épisode de « somnambulisme »… reprit M. Lamarre.

La collégienne hocha silencieusement la tête.

–… Mlle Petrovna t'a vue.

– C'était bien, vraiment très bien même, intervint cette dernière avec un sourire chaleureux.

– Hélas, comme tu le sais, il n'y a plus de place en section danse.

Lucille le regarda sans comprendre. Elle ne savait que trop bien tout cela. Pourquoi donc le lui répéter ? Cela faisait déjà assez mal !

– Mais Mlle Petrovna trouve que tu es douée et qu'il serait très dommage que tu ne puisses plus danser. Alors, nous avons imaginé une solution. En revanche, cela te demandera beaucoup de sacrifices…

Au fur et à mesure que le directeur parlait, le cœur de Lucille battait de plus en plus vite.

– Je suis prête à tout ! s'exclama-t-elle dès qu'il eut fini.

Mlle Petrovna sourit.

– Je propose de donner à toi des leçons trois fois par semaine après ceux de la section danse. Cela finira tard et comme tu n'as pas les horaires aménagés, tu auras beaucoup plus de travail scolaire que les autres danseuses.

– Ce n'est pas grave ! Je travaillerai ! Je travaillerai tout ! La danse, les cours ! Tout ce que vous voudrez !

Le directeur et Mlle Petrovna éclatèrent de rire devant son enthousiasme. La jeune fille était métamorphosée. Ses joues étaient devenues rouges et ses yeux brillaient comme deux diamants.

– On te prévient, ce ne sera pas facile, répéta le directeur. Si tes notes baissent, les cours de danse devront cesser.

Lucille hocha la tête, vigoureusement. Il pouvait bien lui dire ce qu'il voulait, seule la fabuleuse nouvelle remplissait ses pensées.

La vie était belle !

Quelques minutes plus tard, Lucille déboulait dans la chambre en criant :

– Je vais prendre des cours de danse avec Mlle Petrovna !

Et devant sa sœur, Yasmina et Charlène ébahies, elle raconta tout.

Nina ne tarda pas à bondir pour l'entraîner dans une valse anarchique.

– Je te l'avais bien dit ! Tu es la meilleure ! Et moi aussi ! Les sœurs Mouche font toujours mouche !

Tandis que Yasmina riait de les voir faire, Charlène les regardait d'un air mauvais. Mais les jumelles s'en moquaient bien.

– Vite ! Il faut prévenir Clément ! lança Nina.

Emportées par leur enthousiasme, elles n'hésitèrent pas une seconde à braver l'interdit et à monter à l'étage des garçons. Arrivées devant la porte 325, elles tambourinèrent vigoureusement.

– Ouais, ouais… on vient…

Léo ouvrit la porte… et poussa un cri perçant :

– Des fiiiiilles !

Nolan, qui était en train de se changer, lança toute une série de gros mots, furieux d'avoir été surpris en caleçon. Samy ne disait rien, mais ouvrait de grands yeux effarés derrière sa mèche brune.

Nina éclata de rire, ce qui vexa doublement les garçons. Aussi, lorsque Clément sortit de la salle de bains, l'ambiance était électrique. Sans se préoccuper le moins du monde des états d'âme des camarades de chambre de son frère, Nina s'exclama joyeusement :

– Lucille va prendre des cours de danse avec Mlle Petrovna !

Clément n'eut pas le temps d'émettre le moindre son. Nolan, qui se tortillait pour enfiler son survêtement au plus vite, s'écria avec méchanceté :

– Eh bien voilà, « Clémentine » ! Va avec elle, c'est exactement le sport qu'il te faut !

Le silence se fit dans la pièce, puis Clément, rouge de honte, sortit comme une fusée. Ses sœurs s'élancèrent à sa suite, mais ne le rattrapèrent qu'une fois qu'il se fut laissé tomber sur l'herbe, dans un coin perdu du parc.

La tête cachée dans les genoux, le garçon était agité de soubresauts.

– Pourquoi il a dit une chose pareille, cet abruti ? lâcha Nina, abasourdie. Tu es un champion au rugby.

Clément ne répondit pas. Lucille s'assit à côté de lui et passa son bras autour de ses épaules. Alors, sans relever la tête, leur frère avoua tout : son niveau insuffisant, les moqueries, ses mensonges, l'enfer des entraînements.

– Mais enfin, pourquoi tu nous as rien dit ? s'étonna Nina.

– J'avais honte. Je voulais vous épater, être un champion, comme tu le dis si bien, pas un gros nul !

– Tu n'es pas nul, affirma doucement Lucille. Sans toi, je n'aurais jamais eu le courage d'aller dans cette salle de danse.

Clément haussa les épaules, renifla et se redressa.

– De toute façon, je m'en fiche bien de ce qu'ils peuvent dire. J'arrête le rugby.

– Oh non ! protesta Lucille. Rappelle-toi comme tu aimais ça avant.

– Tu ne vas pas les laisser gagner ! s'insurgea Nina. On n'abat pas un Mouche si facilement !

– T'es drôle, toi, répliqua son frère. On voit bien que c'est pas toi dont tout le monde se moque.

– Pff ! Ce sont des imbéciles ! Fais-moi confiance, ça va vite changer.

– Ah ouais ? Et comment ça ? Par un coup de baguette magique ?

Nina réfléchit et soudain un sourire étira ses lèvres.

– Presque !

Elle s'assit en face de son frère et sa sœur et, sur le ton de la confidence, elle chuchota :

– Je crois que j'ai trouvé un plan astronomico-pharaonique…

À suivre…

DÉCOUVREZ
ADVENTURE ISLAND
et partez à la découverte
des mystères de l'île de Castle Key
avec Emily, Scott et Jack !
11,90 €
HELEN MOSS
ADVENTURE ISLAND
HELEN MOSS
ADVENTURE ISLAND
HELEN MOSS
ADVENTURE ISLAND
HELEN MOSS
ADVENTURE ISLAND

Crinoline et piraterie,

découvrez la série historique de Fleurus
et partez à l'aventure avec des demoiselles
pas comme les autres !

11,90 €

Composition et mise en pages : Text'Oh !
Numéro d'édition : 14 228
Achevé d'imprimer en août 2014 par Lego S.p.a (Italie)
Dépôt légal : septembre 2014